Ensayos InterAmericanos

Volumen 6

Editores | Herausgeber

Wilfried Raussert
Center for InterAmerican Studies, Universidad de Bielefeld

Olaf Kaltmeier
Center for InterAmerican Studies, Universidad de Bielefeld

Nicole Schwabe

Geschichtsunterricht de-zentrieren

Globale Verflechtungen historisch
denken lernen

Geschichtsunterricht de-zentrieren
Globale Verflechtungen historisch denken lernen.

Autor: Nicole Schwabe
Ensayos InterAmericanos, Vol 6
Bielefeld: Kipu-Verlag, 2020

Print ISBN: 978-3-946507-51-2
Pdf - ISBN: 978-3-946507-52-9

Diese Publikation wurde unter Verwendung der vom Bundesministerium für Bildung und Forschung (BMBF) bereitgestellten Mittel veröffentlicht.

Kipu-Verlag
c/o
Center for InterAmerican Studies (CIAS)
Universität Bielefeld
PF 101131
33501 Bielefeld, Deutschland
http://www.uni-bielefeld.de/cias/

Inhaltsverzeichnis

Vorwort

Das Projekt ›Wissen um globale Verflechtungen‹ stellt den Versuch dar, vom Standpunkt der Wissenschaft, genauer aus der Perspektive der interAmerikanischen Studien, einen Beitrag zur Bildungspraxis zu leisten und dabei konkrete Beispiele zu liefern, wie sich die Erkenntnisse aus theoretischen und empirischen Auseinandersetzungen mit den Amerikas als Verflechtungsraum und aktuelle Diskussionen aus den Sozial- und Kulturwissenschaften in der Schule vermitteln lassen. Im Zuge einer Neuausrichtung der Regionalstudien rücken interAmerikanische Perspektiven transregionale Dynamiken in den Fokus. Der Ansatz, die Amerikas als einen interAmerikanischen Vrflechtungsraum zu untersuchen, ermöglicht es genzüberschreitende Dynamiken, Prozesse der Deterritorialisierung und das Ineinandergreifen lokaler, nationaler, regionaler und transregionaler Austauschprozesse und Bezugsebenen aufzuzeigen (Kaltmeier 2014, 178).

Ziel dieses Theorie-Praxis-Transfers ist es nicht, additiv unsere eigenen Forschungsschwerpunkte auf die ohnehin schon zu vollen Lehrpläne zu setzen. Vielmehr soll es darum gehen, der schulischen Wissensproduktion alternative Herangehensweisen ggenüberzustellen und Impulse zu formulieren, die das exklusiv nationale Narrativ und die Vermittlung geschlossener Kulturkonzepte im Unterricht hinterfragen.

Im Mittelpunkt des Projektes steht die Erstellung von Materialien für den Schulunterricht, deren geographischer Ausgangspunkt - entsprechend des regionalen Fokus unserer Forschungsarbeit - auf den Amerikas liegt (von Kanada und den USA über Mexiko, die Karibik bis zu Mittel- und Südamerika). Hier manifestieren sich Phänomene von globaler Bedeutsamkeit wie Migration, soziale Ungleichheiten, Ressourcenkonflikte, die Auswirkungen von Klimawandel und Umweltveränderungen, Umgang mit ethnischer Diversität oder die Gegenwärtigkeit von Kolonialität. Maßgeblich gefördert wurde die Reihe von 2014 bis 2019 durch das Bundesministerium für

Bildung und Forschung als Transferprojekt im Rahmen des interdisziplinären Forschungsprojektes ›Die Amerikas als Verflechtungsraum‹.

Bei zahlreichen Mitgliedern des Center for InterAmerican Studies und FachdidaktikerInnen der Universität Bielefeld traf diese Projektidee auf große Begeisterung und Ihrem Engagement ist die Vielseitigkeit der entstandenen Materialien zu verdanken. So wurde die konzeptionelle Entwicklung der Unterrichtseinheiten in interdisziplinär zusammengesetzten Arbeitsgruppen diskutiert. Als besonders effektiv haben sich hier Tandems aus FachwissenschaftlerInnen und FachdidaktikerInnen erwiesen. Während die einen Ergebnisse und Ideen aus ihrer eigenen Forschungsarbeit mitbrachten, machten die anderen durch ihren reichen Erfahrungsschatz in der Vermittlung des Faches und nicht zuletzt durch das Wissen über die Rahmenbedingungen von Schule eine Übersetzungsarbeit möglich.

Interdisziplinarität stellt ein grundlegendes Merkmal des Projektes dar. Diese wird in der Zusammensetzung der Arbeitsgruppe sehr deutlich, aber auch in den erstellten Materialien selbst. Eine zentrale Zielsetzung des Projektes war es, Nischen ausfindig zu machen, die es erlauben, an die Rahmenbedingungen des formalen Bildungsbereichs anzuschließen und den Einsatz der Materialien im Schulunterricht zu ermöglichen. Die Aufgabe, hier die richtige Balance zwischen bekannten Themenfeldern und neuen, aus der fachwissenschaftlichen Debatte generierten, Impulsen zu finden, hat die Entwicklung des Projektes kontinuierlich begleitet.

1. Einleitung

Jeder Produktion von Wissen liegt ein - meist nur implizit sichtbares - Verständnis der Welt zu Grunde. Diese Vorannahmen prägen unsere Wahrnehmung der Vergangenheit und unsere Erzählungen über dieselbe. Geschichtsschreibung ist also immer als situierte und kontextabhängige Erzählung über die Vergangenheit zu betrachten. Auch Materialien für den Geschichtsunterricht gehen die Vorannahmen der VerfasserInnen voraus, die jedoch viel zu oft unreflektiert bleiben. Gleiches gilt für Curricula, deren VerfasserInnen zumeist nicht einmal bekannt gemacht werden. Eine transparente Auseinandersetzung über gesellschaftlich situierte Prämissen und Weltbilder, die sich in unseren Erzählungen von Geschichte widerspiegeln, stellt eine Voraussetzung für eine demokratische Verhandlung derselben dar. Hierbei geht es nicht nur um die Frage, welche Inhalte in Schulen gelehrt und gelernt werden, sondern noch zentraler erscheint eine Reflexion über Grundhaltungen und Perspektiven auf die Welt, die dem Gelehrten bzw. Gelernten inhärent sind.

Welcher Blick auf andere Länder, andere Weltregionen, andere Menschen wird in Deutschland im Geschichtsunterricht vermittelt? Und wenn wir von der für postkoloniale Theorie fundamentalen These Edward Saids ausgehen, dass die Konstruktion des *Anderen* eine fundamentale Funktion für die Konstruktion des *Eigenen* besitzt, geht mit dieser Frage nach dem Blick auf das vermeidlich Fremde auch die Frage nach dem vermeidlich Eigenen einher (Said 2010). Wenn wir uns mit Menschen bzw. Gesellschaften in der Vergangenheit beschäftigen, sind die uns in erster Linie alle fremd. Wir sind diesen nie begegnet und werden auch nie die Möglichkeit dazu bekommen. Das Leben war damals anders als heute. Um zu verstehen, warum Menschen zu einem Zeitpunkt in der Vergangenheit so gehandelt haben und nicht anders, oder nachzuvollziehen, was überhaupt vorstellbar war, bedarf einer kleinschrittigen und reflektierten Annäherung. Lernen mit dieser Differenz umzugehen, ist eine Hauptaufgabe des Geschichtsunterrichts. Im Gegensatz dazu dominiert jedoch in einem auf die deutsche Nationalgeschichte ausgerichteten

Geschichtsunterricht die unhinterfragte Vorstellung, dass wir uns mit *unserer* Geschichte beschäftigen. Eine Vorstellung, die sicherlich eine Berechtigung hat, jedoch zu großen Missverständnissen und Fehlschlüssen über die Vergangenheit wie auch die Gegenwart führen kann. Als GeschichtsdidaktikerInnen und LehrerInnen müssen wir uns die Frage stellen, welches gesellschaftliche Selbstbild auf diese Weise im Unterricht vermittelt wird.

Fassbar wird diese Wissensproduktion am ehesten sicherlich in Unterrichtsmaterialien bzw. Schulbüchern. Diese staatlich autorisierten Informationen gelten gesellschaftlich als korrekt und objektiv und nicht zuletzt ist das in Schule vermittelte Wissen bedeutsam. Das in Schule vermittelte Wissen ist Ausdruck einer kulturellen Wissensordnung und konstruiert zugleich soziale Ordnung (Müller-Matthis/ Wohnig 2017, 5). Durch die identitätsstiftende Funktion von Geschichte kommt dem Geschichtsunterricht hier eine besondere Rolle zu. Kritik an den enormen Defiziten des Geschichtsunterrichts in Deutschland mit Bezug auf die Vermittlung von Weltwissen gibt es seit Jahren. So setzen sich beispielsweise Michael Riekenberg sowie der Geschichtsdidaktiker Bodo von Borries bereits in den 1990er Jahren kritisch mit dem Wissen auseinander, das durch Schulbücher über Lateinamerika vermittelt wurde und machten dabei massive Wissenslücken und grobe Fehler in den Lehrwerken aus (Riekenberg und Georg-Eckert-Institut für Internationale Schulbuchforschung 1990). Und auch über die Ebene der Schulbuchanalyse hinaus gibt es von Seiten der Geschichtsdidaktik seit Jahren eine Kritik an Rahmenlehrplänen und der Strukturierung der schulischen Wissensproduktion durch dieselben. Im Geschichtsunterricht werden soziale, nationale und kulturelle Ereignisse anderer Länder und Regionen, genauso wie transregionale Verflechtungen oft ausgeblendet (Völkel 2013, 144; Grewe 2016). Dahinter steht eine Denktradition des 19. Jahrhunderts. Die traditionelle Chronologie „der" Geschichte wird auf einen westlich-europäischen Traditionszusammenhang von der griechischen Antike über das römische Reich zur „modernen Welt" beschränkt. Wobei im Zentrum dieser Welt die deutsche Nation steht. So weisen

Lehrpläne wie auch Schulbücher eine konsequente nationale Binnenperspektive auf (Popp 2005, 498-499).

Wenn der Geschichtsunterricht jedoch nicht den Anschluss an die Gegenwart sowie zukünftige Herausforderungen und nicht zuletzt auch an die Lebenswelten der Schülerinnen und Schüler verlieren will, muss dieser sich dem gesellschaftlichen Wandel stellen und darf nicht in einer historischen Nostalgie verharren, die weder zu einem Verständnis der Vergangenheit noch zu einer Orientierung in der Gegenwart beiträgt.

Global handelnde Akteure, transnationale Austauschbeziehungen oder die Zirkulation von Ideen, Waren und Menschen sind keine neuen Phänomene und eine Auseinandersetzung mit historischen Verflechtungen in der Vergangenheit kann einen Beitrag zu einem global vernetzten Denken leisten. Zusammenhänge zu erschließen und den Blick über den nationalen Tellerrand hinauszurichten, ist in Zeiten globaler Krisen von fundamentaler Bedeutung. Findet sich dafür im Geschichtsunterricht kein Platz, versagt der Unterricht an einer entscheidenden Stelle.

Ebenso dringlich ist die Auseinandersetzung mit der identitätsstiftenden Funktion von Geschichte im Kontext eines besorgniserregenden Aufstiegs xenophober und rechtsextremer Ideologien und Gewalt. Ein unreflektierter nationaler Bezugsrahmen und die fehlende Auseinandersetzung mit räumlichen Dimensionen im Geschichtsunterricht bietet eine Basis für die Instrumentalisierung durch rechte Ideologien.

Die Geschichtsdidaktik vom Standpunkt der Regionalstudien in den Blick zu nehmen, birgt die Möglichkeit, eine gewisse Distanz zum Gegenstand zu schaffen, gleichzeitig besteht jedoch die Gefahr, über die Debatten innerhalb der Disziplin und deren Expertise im historischen Lernen hinwegzuschauen. Um auf diese Problematik zu reagieren, sollen die im Folgenden vorgestellten Theorieimpulse aus den Area Studies, global- wie verflechtungsgeschichtliche Ansätze, mit den jeweiligen Bezugspunkten in der geschichtsdidaktischen Debatte zusammengebracht werden. Diese theoretischen Ansätze sollen auf diese Weise für eine didaktische Auseinandersetzung greifbar gemacht werden und Impulse zur *De-Zentrierung* des Geschichtsunterrichts in Deutschland geben.

Ein Verflechtungsraumansatz, der Raum, Zeit und Soziales als in sich und untereinander verwobene Dimensionen betrachtet, schließt an die Forderungen des US-amerikanischen Geographen und Stadtforschers Edward Soja zur Erweiterung des geographischen Blicks an. Soja appelliert für ein Zusammendenken von Gesellschaft, Raum und Zeit. Ihm geht es dabei um eine fundamentale Änderung unseres Weltbezugs bzw. der Aneignung von „Weltwissen" (Soja 2008, 252). „Wir müssen das Zeitliche und das Räumliche, Geschichte und Geographie, zusammen denken." (Ebd. 2008, 252). Soja steht mit seinem Anliegen, ein Raumbewusstsein zu schaffen, im Kontext einer neuen Raumkonjunktur in den Kultur- und Sozialwissenschaften. Unter dem Oberbegriff *Spatial Turn* wird eine Fülle raumbezogener Ansätze unterschiedlicher Fachrichtungen gefasst, welche die aus der Medientheorie stammende These zum *Verschwinden des Raums (End of Geography)* vehement zurückwiesen (Döring und Thielmann 2009, 13–14). Diese These bezieht sich auf den rasanten Fortschritt im Bereich der Informations- und Kommunikationstechnologien seit Ende des 20. Jahrhunderts. Vor dem Hintergrund dieser umwälzenden Veränderungen wurde argumentiert, dass neue technologische Entwicklungen wie das Internet oder die Mobiltelefonie in der zeitgenössischen Wahrnehmung nicht nur zu einem Schrumpfen der wahrgenommenen Entfernungen beigetragen hätten, sondern gar zu einer Überwindung des Raums. Die darauf reagierende Kritik zweifelte zwar nicht an der Relevanz dieser Ereignisse, aber hielt dagegen, dass die materielle Sphäre gesellschaftlichen Lebens weiter existiere und Geographie ein konstituierendes Element gesellschaftlicher Beziehungen bleibe. Vielmehr sei man mit einer Erweiterung des geographischen Raums durch neue Technologien konfrontiert. So hebt Karl Schlögel beispielsweise die Herausbildung eines neuen sozial-räumlichen Zusammenhangs durch den virtuellen Raum hervor, der sich über den bestehenden geographischen Raum legt (Schlögel 2016, 36–37).

Während die theoretischen Bezüge oft älter sind, taucht der Begriff *Spatial Turn* selbst nach Döring und Thielmann erstmals im Jahr 1989 in Edward Sojas Monographie ›Postmodern Geographies‹ auf. Darin kritisierte Soja in Anlehnung an die Arbeit Henri Lefebvres und insbesondere mit Bezug auf dessen im Jahr 1974 erschienenes Werk ›La production de l'espace‹ (Lefebvre 2000) die Raumvergessenheit in der Tradition der historisch-materialistischen Geschichtsschreibung (Döring/ Thielmann 2008, 7). Daneben wird der *Spatial Turn* begriffsgeschichtlich häufig auf den Literaturwissenschaftler Fredric Jameson zurückgeführt. Dieser sieht nach einer jahrelangen Privilegierung der Kategorie Zeit in der *Verräumlichung des Zeitlichen* (*spatialization of the temporal*) ein charakteristisches Merkmal der Postmoderne (Döring/ Thielmann 2008, 8). Um diesen Übergang zu unterstreichen wird oftmals auf ein Foucault-Zitat aus dem Jahr 1967 zurückgegriffen:

> „Die große Obsession des 19. Jahrhunderts war bekanntlich die Geschichte [...] Unsere Zeit ließe sich dagegen eher als Zeitalter des Raums begreifen." (Foucault, hier zitiert nach Döring & Thielmann 2008, 9)

Diese Bemerkung Foucaults lässt darauf schließen, dass die Beschäftigung mit Raumtheorien durchaus älter ist und zentrale Grundlagendebatten bereits in den 1960er und 70er Jahren stattfanden. Referenzpunkte dieser Debatte sind die Arbeiten von Michel Foucault, Henri Lefebvre oder David Harvey (Belina/ Michel 2007, 14). Edward Soja führt die theoretische Tradition des *Spatial Turn* zudem auf erste Vorstöße der kritischen Philosophie Martin Heideggers und Jean-Paul Sartres zurück. Wobei diese einzelnen Bemühungen erst viel später gebündelt zu einer Aufwertung der räumlichen Perspektive beitrugen (Soja 2003, 271).

Unter dem Oberbegriff lässt sich also ein weites Spektrum unterschiedlicher Ansätze fassen. Zudem bestehen ganz unterschiedliche Verständnisse über die Tragweite dieser raumbezogenen Forschung. Während es sich für einige nur um eine eher schnelllebige Begriffsmode handelt oder andere bescheiden von einem Wechsel der Blickrichtung sprechen, postuliert Edward Soja einen transdisziplinären Paradigmenwechsel (Döring/ Thielmann 2008, 13). Auch wenn das Interesse in der Forschungslandschaft gerade wieder zurückschwingt und Zeitlichkeit wieder mehr in den Fokus gerückt wird, scheint es doch falsch und rührt von einer mangelnden Auseinandersetzung mit den theoretischen Debatten dieses Feldes, den *Spatial Turn* als eine kurzweilige Modeerscheinung zu fassen. Die Impulse bilden vielmehr eine grundlegende theoretische Basis, die nicht mehr wegzudenken ist. Denn verstehen wir die Raumdimension nicht als eine rein additive Dimension, sondern als fundamental verflochten mit der sozialen sowie der zeitlichen Dimension, so werden auch diese selbst verändert, wenn Raum, Zeit und Soziales nicht separiert voneinander gedacht werden.

Mit Blick auf den Schulunterricht ist das Postulat eines dringenden Paradigmenwechsels und die Forderung nach einem gleichwertigen Einbezug der Dimension Raum zentral. Denn sowohl Lehrpläne als auch Materialien für den Schulunterricht weisen in dieser Hinsicht grundlegende Defizite auf. Es dominiert ein unreflektiertes nationales Narrativ, welches sich trotz vehementer Kritik seitens der Geschichtsdidaktik hartnäckig hält. In seiner Veröffentlichung ›Historisch Denken Lernen. Welterschließung statt Epochenüberblick‹ aus dem Jahr 2008 geht der Geschichtsdidaktiker Bodo von Borries Fragen nach einem historisch-politischen Unterricht nach, der Schülerinnen und Schülern eine Orientierung in der Auseinandersetzung mit aktuellen gesellschaftlichen Herausforderungen ermöglicht. Darin stellt er fest:

> „Beziehen wir eigentlich eine ausführliche Unterrichtseinheit über einen außereuropäischen Kulturerdteil (‚andere Hochkultur') aus eigenem Recht (um ihrer selbst willen) und in eigener langfristiger Entwicklung in unseren Geschichtsunterricht ein? Oder glauben unsere Schüler(innen) weiterhin –durch den Geschichtsunterricht angeleitet und verführt – die 10% Europäer seien allein auf der Welt oder jedenfalls allen anderen an Wert bei Weitem überlegen (weil allein ‚historisch')?" (Bodo von Borries 2008, 28)

Diese – nun über zehn Jahre alte Kritik Borries – lässt sich mit einem Blick auf den Schulunterricht heute wahrscheinlich genauso wiederholen. Die Problematik, dass die geläufige Strukturierung der Lehrinhalte des Geschichtsunterrichts in der Bundesrepublik Deutschland auch im Jahr 2019 primär an einem nationalen Narrativ orientiert ist und – wie Susanne Popp es auf den Punkt bringt – Lernenden kaum die Möglichkeit gegeben wird eine *nostrozentrische* Bedeutungsstruktur auch als solche wahrzunehmen (Popp 2005, 499), bleibt aktuell. Anschließend an diese Kritik einer Zentrierung des historischen Lernens auf eine imaginierte „Wir-Gruppe", plädiere ich für eine *De-Zentrierung* des Geschichtsunterrichts und die Überwindung identitärer nationaler Bezugspunkte.

Damit einher geht die Forderung Wissen über außereuropäische Gesellschaften und deren Geschichte, also bisher marginalisierte Perspektiven, im Unterricht zu stärken. Dabei geht es jedoch nicht um die Addition unterschiedlicher nationaler Geschichten, sondern um ein grundlegendes Umdenken und die Entwicklung einer relationalen, einer verflochtenen Geschichte. Eine *De-Zentrierung* des Geschichtsunterrichts bedeutet, dessen unhinterfragte Mitte offen zu diskutieren und den Tunnelblick, der dazu verleitet, die deutsche Geschichte nur aus sich selbst heraus zu erklärt, abzulegen.

2. Zwischen Theorie und Praxis

2.1. Die Unterrichtsmaterialien ›Wissen um globale Verflechtungen‹

An die *De-Zentrierung* des Geschichtsunterrichts möchte ich mich zunächst über eine Rückschau annähern und auf die konzeptionelle Entwicklung der Unterrichtsmaterialienreihe ›Wissen um globale Verflechtungen‹ zurückblicken.

Abb. 1: Projektgrafik CIAS-Unterrichtsmaterialienreihe

Den Ausgangspunkt stellt die zu Zwecken der Öffentlichkeitsarbeit erstellte Projektgrafik dar, welche die zentralen theoretischen Bezugspunkte der Reihe repräsentiert: Ein Klassenraum von dem aus wir in die Welt hinausschauen. Eine Welt, die von globalen Machtasymmetrien und transregionalem Austausch sowie einer ständigen

Hybridisierung von Kulturen gezeichnet ist. Im Hintergrund dieses Ausschnitts der Welt lässt sich ein Hochhauskomplex erkennen, ein Detail der Frankfurter Skyline. Jedoch könnte dieses Hochhaus genauso gut in Mexiko City, Peking oder Singapur stehen könnte. Daneben steht eine Tempel-Pyramide, für die meisten wahrscheinlich ebenfalls nur schwer zu verorten. Es handelt sich dabei um das zentrale Bauwerk der Stadt Tikal in der Region Petén im nördlichen Guatemala, eine der bedeutendsten Städte der klassischen Maya-Periode. Der Tempel wurde insbesondere zu zeremoniellen Zwecken gebraucht und war für die Zeitgenossen ein Tor zum Jenseits (*inframundo*). Ein Herrschaftssymbol, ähnlich wie die Bauwerke der Frankfurter Skyline, mit der Ausnahme, dass sich die Frankfurter Bankengebäude erst mehr als 1000 Jahre später in die Landschaft einschrieben.

Abb. 2: Hochhäuser in Frankfurt a.M. (Deutschland),
Christian Wolf, Frankfurter Skyline (Blick von der Deutschherrn-brücke, August 2015), URL: https://de.wikipedia.org/wiki/Liste_der_Hochh%C3%A4user_in_Frankfurt_am_Main#/media/Datei:Skyline_Frankfurt_am_Main_2015.jpg.

Abbildung 3: Tempel-Pyramide von Tikal,
Tikalas, URL: https://de.wikipedia.org/wiki/Datei:Tikalas.jpg.

Heute ist Tikal kein Herrschaftszentrum mehr, sondern eine Touristenattraktion und das höchste Gebäude der europäischen Großstadt Frankfurt gehört der Commerzbank. Mit Glück lernt eine Schülerin in Deutschland heutzutage auf welchem Kontinent Guatemala liegt. Aber warum haben wir in der Schule eigentlich nie etwas über die Maya gelernt, während auf Lehrplänen in Lateinamerika (von Mexiko bis Patagonien) westeuropäische Geschichte als „Universalgeschichte" auf den Lehrplänen zu finden ist. Um diese globale Wissensasymmetrie zu beschreiben lässt sich in Anlehnung an den indischen Historiker Dipesh Chakrabarty von einem Kosmopolitismus der Provinz und einem Provinzialismus der Metropolen sprechen. Zur Beschreibung dieser Ungleichheitsverhältnisse zwischen europäischer und außereuropäischer, also nicht-westlicher Geschichte zieht Chakrabarty ganz alltägliche Beobachtungen heran. Mit Blick auf die Wissenschaft stellt er fest:

„Historiker aus der Dritten Welt fühlen sich verpflichtet, die europäische Geschichte zu berücksichtigen; wogegen Historiker aus Europa ihrerseits keine Notwendigkeit erkennen, dieses Interesse zu erwidern. [...] ‚Sie' erfassen ihre Werke in relativer Unkenntnis nicht-westlicher Geschichte, ohne dass dies offenbar die Qualität ihrer Arbeit beeinträchtigt. Das ist jedoch eine Geste, die ‚wir' nicht erwidern können." (Chakrabarty 2010, 41).

Dieses Verhältnis findet sich ebenso in der Lehre an den Universitäten wieder. In einer Soziologie-Einführungsvorlesung an der Universidad de Buenos Aires ist es eine Selbstverständlichkeit, dass die Studierenden Max Weber, Althusser, Foucault oder Karl Marx lesen (Universidad de Buenos Aires 2009). Unhinterfragt bleibt dabei nicht nur, inwiefern sich Gesellschaftstheorien, welche in ganz anderen historischen und sozialen Kontexten entwickelt wurden, überhaupt zur Auseinandersetzung mit gesellschaftlichen Fragen der Region eignen, sondern auch warum sich in Europa überhaupt niemand schämen muss, nicht zu wissen wer Julieta Kirkwood oder José Carlos Mariátegui waren.

Diese Subalternität nichtwestlicher Geschichte und Wissensproduktion lässt sich ebenso im schulischen Bildungsbereich beobachten. Wie schaffen wir es derart konsequent andere Teile der Welt zu übersehen? Welchen Anteil hat Schule und im Speziellen der Geschichtsunterricht daran? Und welche Folgen hat dieses Verhalten für ein gesellschaftliches Selbstverständnis?

Um diese historisch gewachsenen Wissensasymmetrien und Machtstrukturen analytisch zu fassen, spricht der peruanische Soziologe Aníbal Quijano von der *Kolonialität der Macht* (Quijano 2016, 62). Dekoloniale Theorieansätze, die sich auf die Arbeiten von Quijano beziehen, setzen dieser kolonialen Matrix des Wissens alternative Formen der Wissensproduktion entgegen (Mignolo 2012, 23). Von den stärker im anglo-amerikanischen Sprachraum rezipierten postkolonialen Theorieansätzen unterscheiden sie sich insbesondere durch ihren Entstehungskontext. Während sich postkoloniale Theorie vordergründig mit der kolonialen Expansion seit dem 19. Jahrhundert beschäftigt, setzten dekoloniale TheoretikerInnen einen anderen historischen und geografischen Schwerpunkt und stellen die koloniale Erfahrung und die Kontinuitäten des Kolonialismus des 16. Jahrhundert in den Fokus ihrer Betrachtung (Ebd. 2012). Der Einfluss post-kolonialer und dekolonialer Ansätze auf die Forschungslandschaft trug in der Geschichtswissenschaft zur Entwicklung des verflech-tungsgeschichtlichen Ansatzes bei, der sich von einem separatisti-schen Raumverständnis, also dem Verständnis von national oder regional abgeschlossenen Einheiten abwendet und stattdessen be-ginnt auf die Zwischenräume zu schauen, d.h. auf Austauschprozesse und Wechselbeziehungen, die lange gar keine Beachtung fanden (Randeria und Römhild 2013, 17). Damit einher geht eine Kritik da-ran, Weltprobleme nur aus der Vogelperspektive zu betrachten und seit den 2000er Jahren gibt es vermehrt Ansätze, spezifisches lokales Wissen mit globalen Dynamiken in Verbindung zu bringen (CIAS Konzeptdossier, 2018). Diese lokalen Perspektiven und Perspektiv-wechsel sowie der Einbezug spezifischen Wissens unterschiedlicher Akteure, die aus der Vogelperspektive kaum wahrnehmbar sind, fin-den sich auch in der beschriebenen Grafik zum Projekt wieder. Es lässt sich eine Masse an protestierenden Jugendlichen erkennen. Das Foto wurde auf einer Protestkundgebung von Studierenden in Santi-ago de Chile aufgenommen.

Abbildung 4: Demonstration von Studierenden in Santiago de Chile (2015),
Foto: N.Schwabe

Die Stimmen dieser Jugendlichen, die erklären, warum sie genau auf die Straße gehen, wie auch die Stimmen anderer Akteure, die oftmals überhört werden, haben einen Platz in unseren Unterrichtsmaterialien erhalten.

Im Schulunterricht tauchen Bezüge zu außereuropäischen Gesellschaften zumeist nur als additive Vergleichsperspektive auf. Das stärker im außerschulischen Bildungsbereich verankerte Globale Lernen fokussiert zumeist schlaglichtartig auf Problemszenarien und führt damit auch zu einem eher einseitigen Wissen über Gesellschaften außerhalb Europas. Mit unserer Unterrichtsmaterialienreihe zielen wir darauf ab, aus den Amerikas heraus andere Geschichten über den Doppelkontinent zu erzählen und mit Stereotypen zu brechen. So laden wir z.B. dazu ein, Lateinamerika nicht als einen passiven Kontinent der Krisen, der Gewalt, der Banenenproduktion und des Drogenhandels zu sehen, sondern als kulturell und politisch spannende und sehr heterogene Gesellschaften wahrzunehmen, mit ihren eigenen Herausforderungen und einer eigenständigen Geschichte. Wobei bestehende Konfliktlagen nicht ausgeblendet werden, doch sollen diese eben nicht die einzige Erzählung darstellen. Die Folgen dieser Reduzierung komplexer Situationen und heterogener Gesellschaften auf ein einzelnes Narrativ hat die nigerianische Schriftstellerin Chimamanda Ngozi Adichie in ihrem brillanten TED Talk ›The Danger of a Single Story‹ aus dem Jahr 2009 auf den Punkt gebracht:

"The single story creates stereotypes, and the problem with stereotypes is not that they are untrue, but that they are incomplete. They make one story become the only story… I've always felt that it is impossible to engage properly with a place or a person without engaging with all of the stories of that place and that person. The consequence of the single story is this: It robs people of dignity. It makes our recognition of our equal humanity difficult. It emphasizes how we are different rather than how we are similar." (Ngozi Adichie 2009)

Mit einer interAmerikanisch angelegten Unterrichtsmaterialienreihe versuchen wir Neugierde für all die anderen Erzählungen jenseits altbekannter Stereotype zu wecken. Dabei wird versucht soziale Nähe aufzubauen und die Interessen von Jugendlichen zu adressieren, gleichzeitig dennoch Differenzen bestehen zu lassen und nicht in einen Kulturrelativismus zu verfallen.

Wissen um globale Verflechtungen zu schaffen bedeutet nicht mehr Fernwissen *über* Andere zu schaffen, sondern dezidiert *anderes* Wissen. Dieses Vorhaben orientiert sich zunächst am Plädoyer des Humangeographen Edward Sojas für ein Zusammendenken von Raum, Zeit und Sozialem. Dieser theoretische Impuls bildet die konzeptionelle Grundlage des Praxisprojektes ›Wissen um globale Verflechtungen

2.2. Raum, Zeit und Soziales zusammendenken

Unser *Dasein* oder *In-der-Welt-Sein* hat für Soja drei grundlegende ontologische Dimensionen. Es ist immer sozial und gleichermaßen räumlich wie zeitlich (Soja 2008, 244). Oder in anderen Worten: Es geht Soja um eine theoretische Erfassung einer gesellschaftlich verankerten Geo-Geschichte. Sein raumbezogenes Denken fasst Soja als Trialektik. Damit unterstreicht er, dass die drei Ebenen eines raumbezogenen Denkens (das Räumliche, das Soziale und das Historische) nie alleine stehen, sondern immer als gleichgewichtig und miteinander verflochten gedacht werden müssen (Soja 2008, 255). Zwar betrachtet Soja diese Ebenen als gleichrangig, jedoch plädiert er für eine strategische Privilegierung des Räumlichen. Denn diese Dimension sei die letzten zwei Jahrhunderte von der Wissenschaft vernachlässigt worden (Soja 2003, 270). Mit dem Aufstieg der Geschichtswissenschaft im Laufe des 19. Jahrhunderts sei die Geographie im akademischen Bereich zunehmend zurückgedrängt worden. So habe die zeitliche Dimension beispielsweise durch die Historismus-Debatten in Deutschland eine dominante Stellung erreicht, während die Geographie parallel dazu von Debatten um politische, soziale oder ökonomische Themen getrennt wurde.

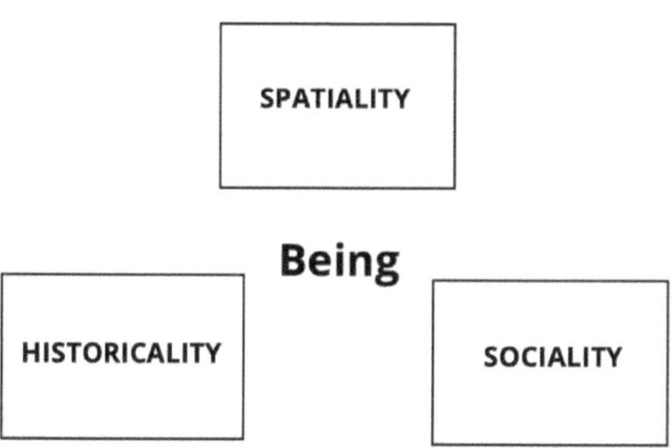

Abbildung 5: The trialectic of being, *Nachbildung der Abbildung in Soja 2003, 271.*

Gleichzeitig entwickelten Disziplinen wie die Wirtschaftswissenschaften, Politikwissenschaft, Ethnologie, Soziologie oder Psychologie ihren Gegenstandsbereich ohne die Notwendigkeit zu verspüren, die Dimension Raum in Betracht zu ziehen (Ebd. 2008, 245/246). Jürgen Osterhammel kommt in seinem 1998 erschienenen Aufsatz ›Die Wiederkehr des Raumes: Geopolitik, Geohistorie und historische Geographie‹ zu dem Urteil, dass der Historismus durch ein Verständnis von Geschichte als einer Entfaltung menschlichen Wollens in der Zeit zu einer lang anhaltenden Verdrängung der Kategorie Raum führte:

> „Jede Vorstellung einer Begrenzung oder gar Determinierung des Handelns der Akteure durch Natur und Umwelt – eine Vorstellung, die noch der Aufklärungshistorie selbstverständlich war – wurde abgelehnt. Eine Geschichtswissenschaft „jenseits des Historismus" hat dieses Anathema stillschweigend übernommen. Auch die Strukturen, Prozesse und Erfahrungen, die sie vorrangig untersucht, sind ortlos oder allenfalls dem formalen Raumschema des Nationalstaates eingeschrieben."(Osterhammel 1998, 374)

Hiermit macht Osterhammel auf die folgenreichen Konsequenzen dieser Verdrängung aufmerksam: Ein unreflektierter Zugang zu Raum führt zu einer stillschweigenden Durchsetzung des Nationalstaats als einzig möglichem Raumschema. Karl Schlögel bezieht sich in seinem erstmals 2006 erschienenen, vielzitierten Werk ›Im Raume lesen wir die Zeit‹ auf diese Prämissen Sojas, plädiert aber auch dafür, Raum und Zeit nicht in ein antagonistisches Verhältnis zu setzen, denn es handele sich vielmehr um komplementäre Dimensionen (Schlögel 2016, 49).

> „Man darf freilich die Entgegensetzung nicht übertreiben, denn bei näherem Hinsehen stellt sich heraus, daß Raum und Zeit, nichtreduktionistisch und komplex aufgefaßt, eher komplementär und parallel sind, nur daß in der historiographischen oder soziographischen Praxis der Zeitachse mehr Bedeutung beigemessen wird. Die Polemik gegen eine auf Meistererzählungen reduzierte Historiographie darf nicht den Blick darauf verstellen, daß Zeit, ob Gegenwart oder Vergangenheit, nicht weniger unübersichtlich, chaotisch ist als Raum." (Schlögel 2016, 49)

Reinhart Koselleck widmet der Dimension Raum in seinem im Jahr 2000 erschienenen Werk ›Zeitschichten‹ ein eigenes Kapitel und stellt darin fest, dass zur alten *historia* als einer allgemeinen Erfahrungswissenschaft die Beschäftigung mit Natur, Geographie, wie auch mit einer Chronologie gehört habe. Die Entgegensetzung von historischen und naturwissenschaftlichen Kategorien von Raum und Zeit entwickelt sich laut Koselleck seit dem 18. Jahrhundert. Hierdurch ist die Geographie in eine problematische Zwischenposition gelangt (Koselleck 2000, 79-80). Auch wenn er einzelne Bezugspunkte zur Kategorie Raum in den Arbeiten von Johann Gustav Droysen, Humboldt, Ritter und Ratzel ausmacht, stellt Koselleck fest:

> „Vor die formale Alternative Raum oder Zeit gestellt, optierte die überwältigende Mehrzahl aller Historiker für eine theoretisch nur schwach begründete Dominanz der Zeit." (Koselleck 2000, S. 81)

In der deutschen Geschichte identifiziert Schlögel neben der Verdrängung der Geografie im Zuge des Aufstiegs des Historismus noch einen zweiten Einschnitt, der zur Verdrängung des Raums führte. So bemerkt er, dass die Kategorie Raum nach dem Nationalsozialismus in der Wissenschaft gemieden wurde. Die Kategorie war zu stark von der nationalsozialistischen Ideologie herangezogen worden und wurde unumgänglich mit Diskussionen um *Raumnot, Volk ohne Raum, Lebensraum, Ostraum* o.ä. in Verbindung gebracht und damit mit Diskussionen um die geopolitischen, militärischen und ökonomischen Raumexpansionen des Nationalsozialismus (Schlögel 2016, 52). Die Wiederaufnahme der lange diskreditierten Raumdebatte ist für den deutschen Kontext somit voraussetzungsvoll. Noch bis in die 1980er Jahre galt die Auseinandersetzung mit Raum als revisionistisch (Lossau 2012, 185). Auch wenn die Verdrängung der Kategorie aus historischer Perspektive sicherlich verständlich ist, spielt doch gerade die fehlende kritische Auseinandersetzung völkischen und nationalistischen Vorstellungen vielmehr in die Hände. Insbesondere durch die problematische Verquickung von Geschichte, Raum und kultureller Identität. Für Soja folgt aus dieser Entwicklung eine erhebliche Schieflage der Wissensformation:

> „Wenn das stimmt, dann können wir annehmen, dass viel von dem angesammelten Wissen in unseren Bibliotheken und auch in unseren Köpfen, nahezu alles, was wir gelernt haben ein Defizit in Bezug auf die räumliche Dimension aufweist – da wir 150 Jahre lang nicht trainiert haben, wie mit dem Räumlichen umzugehen sei." (Soja 2008, 247)

Auch wenn es sicherlich von Vorteil ist, wenn einzelne Fachdisziplinen sich auf eine bestimmte Perspektive spezialisieren und eine der drei Dimensionen dominieren mag, macht es anders herum keinen Sinn eine so fundamentale Kategorie und damit grundlegende Prinzipien der Konstitution des menschlichen Daseins auszublenden (Ebd. 2003, 272). In der Geschichtswissenschaft wurden die daraus resultierenden Problematiken für die eigene Forschung in den letzten Jahren breit diskutiert. Zur Übersetzung dieser Diskussionen in die

Bildungspraxis starteten wir die Unterrichtsmaterialienreihe ›Wissen um globale Verflechtungen‹ mit einem konzeptionellen Grundgerüst, welches eben das von Soja eingeforderte ontologische Dreieck *Räumlichkeit – Gesellschaftlichkeit – Geschichtlichkeit* zur Grundlage hat. Diesem ordneten wir in einem gemeinsamen Brainstorming der Arbeitsgruppe zentrale Stichworte unserer eigenen Forschung zu, um erste Ansatzpunkte für die zu erstellenden Materialien ausfindig zu machen.

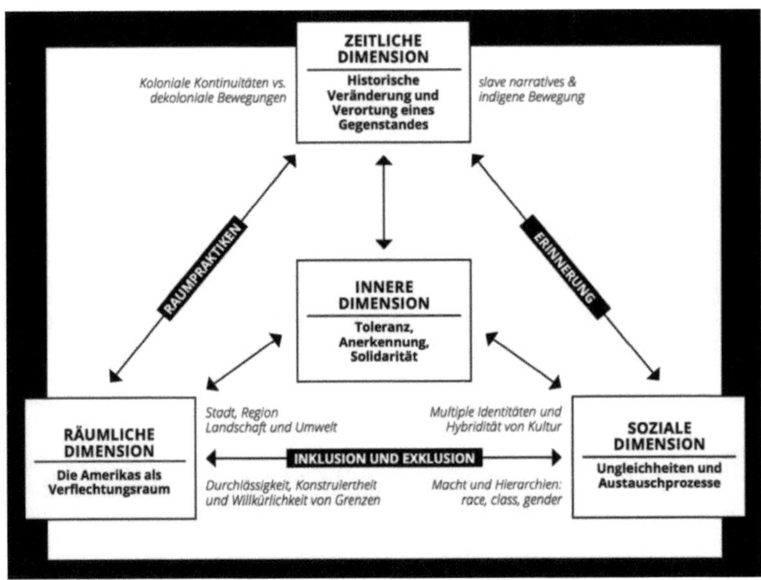

Abbildung 6: Grafische Darstellung der konzeptionellen Diskussion zur CIAS-Unterrichtsmaterialienreihe

In der räumlichen Perspektive entschieden wir, einen Schwerpunkt auf die Amerikas als fluiden und vielfältig verflochtenen Raum zu legen und damit zu einer Wahrnehmung von Raum jenseits national-staatlicher Container zu lenken. Analog zu unseren Forschungs-schwerpunkten konzentriert sich die Unterrichtsmaterialienreihe auf global bedeutsame Phänomene, die eine Verflochtenheit der Welt in unterschiedlichen Facetten deutlich macht. Phänomene, die nur unzureichend zu verstehen sind, wenn sie nicht im Ganzen, also entlang ihrer gesamten räumlichen, historischen wie auch sozialen Ausdehnung betrachtet werden. Damit wird die räumliche Dimension an sich als verflochten verstanden, ebenso aber auch die Verflochtenheit der zeitlichen und sozialen Dimension sowie die Verflochtenheit der drei Dimensionen betont.

Davon ausgehend werden die behandelten Gegenstandsbereiche der Unterrichtsreihe innerhalb der zeitlichen Dimension verortet und ihre Veränderung im Wechselspiel mit dem gesellschaftspolitischen und historischen Kontext betrachtet. Dabei scheinen uns eben solche Ansätze interessant, die Zeitlichkeit und Erinnerungspraktiken selbst auch in ihrer Mehrschichtigkeit und temporalen Verflochtenheit thematisieren. Mit dem Begriff der *Zeitschichten* stellt Reinhart Koselleck hier einen sehr spannenden Ansatz vor. Die metaphorische Anlehnung an geologische Termini (die Begriffe *Zeitschichten* und *Sattelzeit* stehen hier exemplarisch), weist auf eine räumliche Vorstellung der zeitlichen Dimension bei Koselleck hin. Auch wenn Koselleck die Auseinandersetzung mit der räumlichen Dimension nicht tiefergehend verfolgt, scheint diese Bildsprache ein Ansatzpunkt für eine Integration von räumlicher und zeitlicher Dimension. Mit Zeitschichten beschreibt Koselleck also übereinanderliegende Zeitebenen unterschiedlicher Dauer und Herkunft, die jedoch gleichzeitig existent sind (Koselleck 2013, 9). Ein Ansatzpunkt, der auch für ein als verflochten verstandenes Zeitverständnis (*entangled temporality*) grundlegend ist.

In der sozialen Dimension werden Ungleichheitsverhältnisse und Austauschprozesse betont. Also einerseits asymmetrische Machtstrukturen und ungleiche Verteilungsstrukturen entlang intersektional verwobener Kategorien wie *Race, Class* und *Gender*. Gleichzeitig soll in der sozialen Dimension die Hybridität von Kultur und multiple Zugehörigkeitsdimensionen in den Blick genommen werden. Beide Dimensionen sind nicht ohne die Dimension Raum denkbar und stehen durch unterschiedliche Praxen der Raumaneignung und gesellschaftliche Inklusions- und Exklusionsprozesse in einem strukturell heterogen gedachten Raum. Die Schülerinnen und Schüler bilden als Subjekte des Lernprozesses das Zentrum der Grafik. Diese Ergänzung zu Sojas Modell bezieht sich auf das Vier-Dimensionen-Modell Globalen Lernens von Graham Pike und David Selby (1999). Die Schlagwörter Toleranz, Anerkennung und Solidarität stammen aus unseren anfänglichen Diskussionen innerhalb der Arbeitsgruppe und stehen stellvertretend für einen interkulturellen Ansatz, der Dialog und Horizontalität anvisiert (Kaltmeier und Corona Berkin 2012).

Betrachtet man die interdisziplinär geführte Raumdebatte der letzten Jahre retrospektiv, lässt sich trotz der Aufmerksamkeit, welche der Debatte zugekommen ist, deren Inhalt nur schwer auf den Punkt bringen. Dies mag an der Vielseitigkeit derselben liegen, denn die Bandbreite der Beiträge reicht von eher abstrakten theoretischen bis hin zu gegenständlich-konkreten Übersetzungen.

Anschließend an Henry Lefebvres Ideen zum *espace vécu* (dem gelebten Raum) plädiert Soja auf einer theoretischen Ebene für ein raumbezogenes Denken, welches über bestehende Dualismen räumlichen Denkens hinausgeht. Dieses Konzept zur räumlichen Verfasstheit des Seins nennt Soja *Thirdspace*. Dem stellt Soja den *Firstspace* gegenüber (bei Lefebvre der *wahrgenommene Raum* bzw. *perceived space*), die direkte, unmittelbare Raumerfahrung bzw. kartographisch darstellbare und messbare Phänomene sowie den *Secondspace* (*räumlichen Repräsentationen* bzw. *conceived space*), das Denken über und der gesellschaftlichen Konstruktion von Raum.

Abbildung 7: Trialectic of spatiality, *Abgeänderte Nachbildung der Abbildung in Soja 2003, 274.*

Einer – eher klassischen und lange dominierenden – Perspektive der geographischen Analyse, stellt Lefebvre in seinem bekannten Werk ›La production de l'espace‹ (1974) einen Ansatz der räumlichen Repräsentation gegenüber, der für ihn einen gesellschaftlich viel relevanteren Bereich darstellt (Soja 2003, 275 f.). Damit einhergehend kritisiert Lefebvre den Reduktionismus großer Dichotomien. So vergleicht er die Dichotomie konstruktivistischer und materialistischer Raumkonzepte mit anderen Dichotomien des westlichen Denkens (Subjekt/Objekt; abstrakt/konkret; Handlung/Struktur; Mikro/Makro; Zentrum/Peripherie; Frau/Mann). Diese Einschränkung des Blicks mache es unmöglich den tatsächlichen, *gelebten* Raum zu erfassen. Lefebvre stellte sich solch geschlossener Logiken entgegen und schlägt einen dritten Weg vor. Dies lässt sich als ein poststrukturalistisches Plädoyer für flexiblere Formen des Denkens lesen, welches dazu anhält, aus den Zwängen der Dichotomie auszubrechen und Gegenstände neu zu konzeptualisieren (Soja 2003, 277). Zahlreiche Arbeiten orientieren sich in der Folgezeit an diesen theoretischen Prämissen.

Die Geographin Julia Lossau schlägt zur retrospektiven Analyse der Diskussionen zum *Spatial Turn* eine Zuordnung der Beiträge zu zwei unterschiedlichen Dimensionen vor. Diese Bedeutungsdimensionen bezeichnet sie als „symbolisch" und „geographisch" (Lossau 2012, 186). Eine symbolische Semantik macht sie insbesondere bei poststrukturalistischen Ansätzen, differenz- oder machttheoretischen Perspektiven aus. Raum steht hier für verschiedene Orte bzw. Standpunkte, von denen aus – in kontextspezifischer Abhängigkeit – Bedeutung konstruiert wird. Es geht also um relational gefasste (Subjekt-)Positionen und Prozesse einer Produktion von Wahrnehmung und Aneignung, welche sich auf eine symbolische Ebene der Raumrepräsentation bezieht. Diese Herangehensweise findet sich laut Lossau insbesondere in postkolonialen Arbeiten wieder, welche die Produktion der gesellschaftlichen Wirklichkeit und deren räumlicher Ordnung dekonstruiert (Ebd. 2012, 187):

> „Zentral ist dabei die Annahme, dass Raumordnungen immer von einer bestimmten Perspektive oder Position aus vorgenommen werden und dass sie daher keine objektive, sondern lediglich partielle Gültigkeit reklamieren können." (Lossau 2012, 187)

Auch Edward Soja macht darauf aufmerksam, dass die für ihn interessantesten Beiträge zur Erweiterung des geographischen Blicks und zum *Thirdspace* aus den Kulturwissenschaften kommen. Hierbei verweist er insbesondere auf postkoloniale und feministische Ansätze. So etwa auf die Arbeiten von Teresa de Lauretis, Rosalyn Deutsche, Barbara Hooper, Gillian Rose oder Gloria Anzaldúa, welche den *lived space* der *Borderlands* untersucht (Soja 2003, 282–83). Zudem weist er auf Edward Said und Homi Bhabha und deren zentrale Arbeiten in der postkolonialen Theorie hin. Said entwickelt in seinem frühen Werk ›Orientalismus‹ (1978) das Konzept der *Imagined Geographies* und macht damit darauf aufmerksam, wie die Wahrnehmung eines Raums durch bestimmte Imaginarien und Diskurse bestimmt ist. Homi Bhabha entwickelt in seinen Arbeiten ein Konzept, das er ebenfalls als *Thirdspace* bezeichnet und bezieht sich damit auf einen Raum der Offenheit und Hybridität.

Dem gegenüber stellt Lossau in ihrer Auseinandersetzung mit den Debatten zum *Spatial Turn* Ansätze, welche die gegenständliche Bedeutung der Raumdebatte in den Vordergrund stellten. So fokussierten diese Debatten auf eine bestimmte Region oder ein Territorium. Oft ginge es in Bezug auf Globalisierungsdebatten auch um die räumliche Neustrukturierung der Weltgesellschaft. Hier bemerkt sie, dass trotz aller Anstrengungen, transnationale Gesellschaftsbilder zu entwickeln, weiterhin eine Festschreibung von Gesellschaften und Kulturen auf räumlich eingegrenzte Einheiten dominiere (Lossau 2012, 187–88). Zur gegenständlichen Raumdebatte zählt Lossau auch Debatten, die sich aus einer phänomenologischen Perspektive mit Körper und Raum beschäftigten und somit konkrete Raumerfahrungen in den Mittelpunkt stellten (Ebd. 2012, 188). Ebenso verweist sie auf sozial-ökologische Debatten und Debatten um Mensch-Natur-Verhältnisse, die sich an der Schnittstelle zwischen Geistes- und Naturwissenschaften verorten (Ebd. 2012, 189).

Dieser zweiten gegenständlichen Herangehensweise lässt sich auch die Arbeit Reinhart Kosellecks zuordnen. Für ihn gehört Raum, ebenso wie Zeit zu den grundlegenden Bedingungen von Geschichte. Raum gehe Geschichte metahistorisch voraus, werde jedoch durch soziale und ökonomische Faktoren auch selbst verändert, wodurch er historisierbar wird (Koselleck 2013, 82). Die Überlegungen Kosellecks erinnern jedoch an eine Gegenüberstellung dessen, was Soja *First-* und *Secondspace* nennt, also dem wahrgenommenen, gegenständlichen Raum auf der einen und der Repräsentation und sozialen Produktion von Raum auf der anderen Seite. Eine weiterführende Auseinandersetzung, welche über diese Dichotomie hinausgeht und in Richtung eines Plädoyers für den *Thirdspace* weisen würde, findet sich bei Koselleck nicht.

„Unsere eigene Fragestellung nach der Relation von Raum und Geschichte möchte ich deshalb bipolar verstehen. An dem einen Ende der Skala steht die Naturvorgegebenheit jeder menschlichen Geschichte. Sie bleibt auf Vorgaben naturaler Bedingungen angewiesen oder im engeren Sinn, mit Ratzel zu sprechen, auf die geographischen Lagen. Am anderen Ende der Skala entstehen jene Räume, die sich der Mensch selber schafft oder die er zu schaffen genötigt wird, um leben zu können." (Koselleck 2013, 83)

Die Humangeographin Julia Lossau hält solche Raumsemantiken, die Raum in erster Linie als gegenständlich fassen, für eine Verständigung über die Welt zentral, jedoch kritisiert sie eine einseitige Fokussierung dieser Debatten auf die Physis, welche die Rückkehr des Raums mit einer Rückkehr der Materialität gleichsetzt. Sie verweist auf und kritisiert hiermit die prominente Arbeit von Karl Schlögel (Lossau 2012, 188–89). In seinem populären Werk ›Im Raume lesen wir die Zeit‹ bringt Schlögel die Debatten um den *Spatial Turn* für die historiographische Auseinandersetzung auf den Punkt, indem er postuliert: „Es gibt keine Geschichte im Nirgendwo. Alles hat einen Anfang und ein Ende. Alle Geschichte hat einen Ort." (Schlögel 2016, 71)

Die konkreten Ansatzpunkte und exemplarischen Quellenanalysen, die Schlögel in seinem Werk ausmacht, sind auf große Zustimmung und Interesse in der Geschichtswissenschaft wie auch insbesondere in der Geschichtsdidaktik gestoßen, während seine Arbeit aus der Humangeographie für diese Fokussierung auf die gegenständliche Ebene kritisiert wurde. Lossau sieht darin einen breiten *Material Turn* - bei ihr subsummiert unter dem gegenständlich-materiell verstandenen *Spatial Turn* - als Reaktion auf den vorhergehenden *Cultural Turn* und der damit einhergehenden Fokussierung auf Sprache, Bedeutung und Texte (Lossau 2012, 189).

Die vorgestellten Überlegungen von Edward Soja unterstreichen, dass wir den Debatten um den *Spatial Turn* nicht gerecht werden, wenn wir sie zu literal als Debatten über Raum als rein gegenständliche Kategorie verstehen. Es geht Soja vielmehr um eine Verräumlichung eines Theoriegebäudes und ein Verständnis der Verflochtenheit von Raum, Zeit und Sozialem. Diese Verflochtenheit macht den *Thirdspace* zu einem Ort der Hybridität, der mit sozial tief verankerten Grenzziehungen bricht und dieser eine totale Offenheit gegenüberstellt (Soja 2003, 185–86). Ein interAmerikanischer Verflechtungsraumansatz, wie er hier verstanden wird, setzt an eben diesem verflochtenen und hybriden Zwischenraum an. Indem wir den nationalen Tunnelblick ablegen und die Dimension Raum bewusst reflektieren, kommen ganz andere Phänomene in Sichtweite.

3. Globale Verflechtungen Historisch denken Lernen

3.1. Warum Globales Lernen im Geschichtsunterricht?

Global- und verflechtungsgeschichtliche Perspektiven im Schulunterricht knüpfen nicht nur an aktuelle wissenschaftlichen Debatten an, sondern stellen des Weiteren eine Antwort auf aktuelle gesellschaftliche Entwicklungen und zukünftige Herausforderungen dar.

Die Welt ist global vernetzt. Das würde heute kaum jemand versuchen zu bestreiten. Was jedoch fehlt, ist ein entsprechendes globales Bewusstsein sowie ein basales Wissen über globale Zusammenhänge. Ein großer Teil der aktuellen gesellschaftlichen Herausforderungen lässt sich im nationalstaatlichen Rahmen schon lange nicht mehr lösen. Zur Auseinandersetzung mit gegenwärtigen globalen Krisen, dem Klimawandel, zunehmender sozialer Ungleichheit, dem Zerfall von Staaten und dem dramatischen Anstieg von Gewalt sowie die aus alldem resultierenden massenhaften Migrationsbewegungen, ist eine Zusammenarbeit, die über die Grenzen nationalstaatlich organisierter Gesellschaften hinausgeht, unumgänglich. Zygmunt Baumann bemerkt hierzu in seinem 2016 – in Antwort auf die mediale und politische Panik im Kontext massiver Migrationsbewegungen erschienenen – Essay ›Die Angst vor den Anderen‹:

> „Statt uns zu weigern, den Realitäten unserer Zeit, den mit dem Diktum ‚Ein Planet, eine Menschheit' verbundenen Herausforderungen ins Auge zu blicken, statt unsere Hände in Unschuld zu waschen und die störenden Unterschiede, Ungleichheiten sowie die selbst auferlegte Entfremdung auszublenden, müssen wir nach Möglichkeiten suchen, in einen engen und immer engeren Kontakt mit den anderen zu gelangen, der hoffentlich zu einer Verschmelzung der Horizonte führt statt zu einer bewusst herbeigeführten und sich selbst verschärfenden Spaltung." (Bauman 2016, 23)

Um den eigenen Ansprüchen gerecht zu werden, den Schülerinnen und Schülern als gesellschaftswissenschaftliches Unterrichtsfach

Kompetenzen zu vermitteln, „die das Verstehen der Wirklichkeit sowie gesellschaftlich wirksamer Strukturen und Prozesse ermöglichen und die Mitwirkung in demokratisch verfassten Gemeinwesen unterstützen" (Ministerium für Schule und Weiterbildung NRW 2014, 11), muss der Geschichtsunterricht sich mit der komplexen gesellschaftlichen Gegenwart auseinanderzusetzen. Ein ausschließlich an nationalstaatlichen Fragen orientierter Geschichtsunterricht verfehlt diese Aufgabe. Eben hier besteht das enorme Potenzial globalgeschichtlicher Perspektiven. Sie können einen fundamentalen Beitrag zur Entwicklung eines globalen Bewusstseins leisten, eine Voraussetzung für globale Kommunikation und Zusammenarbeit. Während die Geschichtswissenschaft im 19. Jahrhundert nationale Subjekte hervorbringen sollte, hält Sebastian Conrad die Förderung eines weltbürgerlichen Selbstverständnisses für die zentrale Aufgabe der Disziplin heute. Denn von Arbeitsbedingungen über die Wirtschaft, bis zu Umwelt- und Klimafragen sei eine globale Perspektive die Voraussetzung zum Verständnis gegenwärtiger Konfliktlagen (Conrad 2013, 26). Das Plädoyer der Geschichtsdidaktikerin Susanne Popp für einen globalgeschichtlich perspektivierten Geschichtsunterricht lässt sich an ebendiese Argumentation anschließen. So schreibt Popp:

> „Die Lebenswelt der Heranwachsenden und die Geschichtskultur, die sie umgibt, bilden [...] zentrale Bezugspunkte der Disziplin. Und die heutige Schüler- und Schülerinnengeneration ist gewiss nicht mehr die erste, von der zu sagen wäre, dass sie – zumindest potenziell – mehr als jede andere zuvor mit Menschen rund um den Globus in Verbindung treten könne oder daran gewöhnt sei, den Planeten, den sie mit anderen bewohnt, in der Außenperspektive zu betrachten." (Popp 2005, 492).

Hat die Jugend ihre Eltern- und Großelterngeneration in Sachen globales Bewusstsein also schon längst überholt? Wie eine Studie des Bundesministeriums für Umwelt, Naturschutz und nukleare Sicherheit (BMU) aus dem Jahr 2018 feststellt, gehört für Jugendliche von heute die Vernetzung über das Internet genauso zu ihrem Alltag wie eine globalisierte Welt, in der unterschiedliche Weltregionen leicht erreichbar sind und gefühlt alle Entwicklungen irgendwie zusammenhängen. Zudem gehören sie zu einer Generation, die im Kontext sich aneinanderreihender Krisenszenarien groß geworden ist, so das BMU.

> „(D)er Euro-, Finanz- und Schuldenkrise, der Umwelt- und Klimakrise, dem weltweiten Auseinanderdriften von Arm und Reich, dem Rückbau der sozialen Sicherungssysteme und zunehmenden prekären Beschäftigungsverhältnissen, der demografischen und Renten-Krise, den Herausforderungen durch Migration und der wachsenden Bedrohung durch Terrorismus – um nur einige zu nennen. Manche Expertinnen und Experten nennen dies ein ‚Aufwachsen im wirtschaftlichen Krisenmodus'." (BMU 2018, 12)

Natürlich lassen sich junge Menschen in Deutschland nicht als homogene Gruppe darstellen, vielmehr weisen sie eine Vielfalt von Lebenslagen und damit verbundenen unterschiedlichsten Werthaltungen und Vorstellungen der gesellschaftlichen Situation auf, wie die an der Milieuforschung ansetzende SINUS-Studie aufzeigt (Calmbach u. a. 2016). Doch auch wenn nicht alle gleichermaßen daran teilhaben, wachsen junge Menschen in Deutschland in einer wirtschaftlich stabilen Situation auf. Wodurch sich erklären lässt, dass sie trotz globaler Krisenszenarien positiv in die Zukunft schauen. Gleichzeitig zeigen die in der Studie des BMU befragten Jugendlichen ein Bewusstsein für soziale Ungleichheiten, und für die große Mehrheit ist kulturelle Vielfalt der Normalzustand. So geben sie an, dass Akzeptanz und Respekt gegenüber anderen Lebensweisen eine Selbstverständlichkeit für sie sei (BMU 2018, 12–16).

Im Vergleich zu vorhergehenden Generationen gehören Mobilität, Reisen ins Ausland und Migration für junge Leute in Deutschland zum Alltag. Dass diese Generation viel globaler denkt, als Erwachsene sich das überhaupt vorstellen können, zeigen nicht zuletzt die Schülerproteste *Fridays for Future*, welche die Politik zum Handeln gegen den Klimawandel auffordern. Inwiefern sich innerhalb der Jugend, verursacht durch ein zunehmendes Gefühl von Unsicherheit im Kontext globaler Krisen, auch fremdenfeindliche Gesinnungen und rechts-populistische Ideen verbreiten, wie sich das mit Blick auf die Gesamtbevölkerung feststellen lässt, kann an den vorliegenden Jugendstudien nicht abgelesen werde. Ein generell optimistischer Blick auf ein globales Bewusstsein junger Menschen ist vor diesem Hintergrund jedoch sicherlich auch kritisch zu prüfen.

Jenseits unterschiedlicher Einstellungen und verschiedenster Lebenslagen, stehen junge Menschen heute (und das nicht nur in Deutschland) gemeinsam vor der Herausforderung, die gegenwärtige Komplexität der Welt zu verstehen. Darin liegt eine zentrale Voraussetzung für Partizipation. Sei es als Wähler in der Entscheidung von Richtungsfragen oder durch andere Formen, sich in Politik einzumischen. Daraus lässt sich schließen, dass die objektiven Interessen von SchülerInnen (darunter fasse ich die Befähigung zur gesellschaftlichen Partizipation und politische Mündigkeit) hier mit den eigenen, subjektiven Interessen und der eigenen Lebenswelt zusammenfallen. Das Vorhaben, junge Menschen an die Auseinandersetzung mit globalen Fragen heranzuführen, lässt sich an deren Interessen anknüpfen und aus ihrem eigenen alltäglichen Leben herleiten. Globale Verflechtungen finden sich im Lokalen, in unserer näheren Umgebung, unser eigenes lokales Handeln ist global. Ein vernetztes Denken zu fördern, welches ein Bewusstsein für globale Zusammenhänge schärft, muss eine zentrale Aufgabe von Schule werden. Der deutsche Soziologie Stephan Lessenich plädiert in seiner Gegenwartsanalyse ›Neben uns die Sintflut‹ (2016) für eine solche relationale Perspektive auf die soziale Welt:

> „Wir leben in einer Beziehungswelt, im Kleinen wie im Großen. Wir stehen in vielfältigen Beziehungen zu anderen, mal engeren, mal entfernteren. Wie wir leben und was wir sind, bestimmt sich aus diesen sozialen Beziehungen und ist ohne sie überhaupt nicht denkbar. Was wir tun, hat immer auch Auswirkungen auf andere – ebenso wie das, was wir nicht tun; mal sind dies direktere Wirkungen, mal nur mittelbare, mal kaum nachvollziehbare." (Lessenich 2016, 48)

Von dieser Perspektive der Verflochtenheit des Sozialen und Räumlichen ausgehend, unterstreicht Lessenich die Notwendigkeit einer

Analyse sozialer Ungleichheitsverhältnisse, die über die national-staatliche Binnenperspektive hinausgeht (Ebd. 2016, 53). Lessenich nimmt dabei strukturelle globale Machtasymmetrien in den Blick und kommt zu dem Schluss, dass bestimmte soziale Kollektive die Chance haben „die Kosten der eigenen Lebensführung auf andere ab-zuwälzen" (Ebd. 2016, 62). Um diesem Prozess auf den Grund zu gehen, fokussiert er seine soziologische Untersuchung auf den globa-len Norden und greift dabei auf das ursprünglich für die binnenge-sellschaftliche Analyse entwickelte Konzept des Habitus von Pierre Bourdieu zurück.

> „In diesem Kontext nehmen nämlich die Gesellschaften des globalen Nordens als ganze, ungeachtet ihrer vielfältigen sozialstrukturellen Binnendifferenzierungen, die besonders privilegierten Positionen ein. Und auf diese Positionen bezogen lässt sich von einem Externa-lisierungshabitus sprechen, von einer von Individuen wie von Kol-lektiven – Statusgruppen und Sozialmilieus, Nationalgemeinschaften und letztlich ganzen Weltregionen – habituell vollzogene Praxis der Auslagerung der Kosten ihrer Lebensweise auf Dritte und der gleich-zeitigen Ausblendung ebendieses Strukturzusammenhangs aus ihrer alltäglichen Lebensführung." (Lessenich 2016, 61–62)

Übertragen wir Lessenichs Analyse auf die hier angestoßene Debatte zur Ausrichtung des Geschichtsunterrichts, sollten wir uns auch die Frage stellen, ob die *nationzentrierte* Perspektive im Geschichtsun-terricht und im größeren Sinne die Ausblendung außereuropäischer Gesellschaften bzw. des globalen Südens aus dem Schulunterricht gar kein zufälliges Überbleibsel früherer Zeiten darstellt, sondern eben heute eine Funktion in einem Prozess der Legitimierung globa-ler sozialer Ungleichheitsverhältnisse einnimmt. Denn beginnen wir uns aus der Binnenperspektive zu lösen, stellt das den Boden auf dem wir stehen, den Wohlstand hierzulande sowie unser gesellschaftliches Selbstbild in Frage. Eine solche Erweiterung der Perspektive ist si-cher nicht schmerzfrei und dennoch kommen wir nicht darum herum, wenn die soziologischen Analysen der Gegenwart Recht behalten sollen. So unterstreicht Lessenich, dass *„der kollektive Psychotrick der Externalisierungsgesellschaft – ‚aus den Augen aus dem Sinn'"* nicht ewig funktioniere und vieles darauf hindeutete, dass schon bald nicht nur die anderen, sondern auch wir selbst mit den Folgen unseres Lebens und Wirtschaftens konfrontiert sein werden *(Lessenich 2016, 75)*.

In der politischen Bildung wie auch von Seiten der Erziehungswissenschaft wird seit den 1990er Jahren im Zuge des Aufstiegs der Globalisierungsdebatte und der Umbrüche der Jahre 1989/90 mit dem Konzept *Globalen Lernens* die Forderung verbunden, von Seiten der Pädagogik auf globale gesellschaftliche Herausforderungen zu reagieren. Daran lassen sich die Gedanken dieses Essays anschließen. Die Debatte um Globales Lernen wird mit einem normativen Apell zur Überwindung globaler sozialer Ungleichheiten verbunden. So verstehen die Erziehungswissenschaftlerinnen Annette Scheunpflug und Barbara Asbrand Globales Lernen wie folgt:

„Globales Lernen/Global Education heute versteht sich als ‚pädagogische Reaktion auf die Entwicklungstatsache zur Weltgesellschaft' unter der normativen Perspektive zur Überwindung von Ungleichheit bzw. orientiert am Leitbild globaler Gerechtigkeit." (Asbrand und Scheunpflug 2014, 401)

Entsprechende Bestrebungen im formalen wie außerschulischen Bildungssektor wurden in Deutschland im Kontext der Agenda für eine Nachhaltige Entwicklung von Seiten der Politik in den letzten Jahren finanziell gefördert und beworben. Seit Mitte der 2000er Jahre wurde die politische Agenda zu Globalem Lernen von postkolonial orientierten zivilgesellschaftlichen Gruppen stark kritisiert. So veröffentlichte der Berliner Verein *glokal* im Jahr 2013 eine Analyse entwicklungspolitischer Bildungsmaterialien mit dem Titel ›Bildung für Nachhaltige Ungleichheit?‹. Darin kommt die Gruppe zu dem Fazit, dass die analysierten Materialien insgesamt eine eurozentrische Perspektive aufweisen. Auch wenn es hier sicherlich Ausnahmen gibt, möchte ich der Kritik an dieser Stelle zustimmen. Ein Großteil der Bemühungen zur Implementierung Globalen Lernens schafft es nicht, die Binnenperspektive der Externalisierungsgesellschaft wirklich zu verlassen. Stattdessen wird an einem Entwicklungsdenken und einem Verständnis der europäischen Moderne als eigenständigem Prozess festgehalten. Dabei werden die Voraussetzungen dieser Erfolgsgeschichte verdeckt, die koloniale und imperiale Ausbeutung bzw. die *Unterentwicklung* anderer Teile der Welt. Die international bekannte deutsche Soziologin Maria Mies hält dazu an, nicht der Illusion zu erliegen, die Probleme der unterentwickelten Weltregionen durch einen Prozess der nachholenden Entwicklung nach dem Vorbild Europas oder durch Entwicklungs"hilfe" lösen zu können. Um auf den Zusammenhang globaler sozialer Ungleichheiten und Machtasymmetrien hinzuweisen, schlägt sie die Nutzung des Begriffspaars „Überentwicklung – Unterentwicklung" vor. Eine Ordnung, die aufgrund der Endlichkeit lebensnotwendiger Ressourcen nur eingeschränkt aufrechtzuerhalten ist (Mies 2015, 87). Ein entsprechendes Bewusstsein für globale Zusammenhänge ist jedoch kaum entwickelt. Welchen spezifischen Beitrag der Geschichtsunterricht hierzu leisten kann, soll im Weiteren diskutiert werden.

In der zweiten Auflage des von der Kultusministerkonferenz und dem Bundesministerium für wirtschaftliche Zusammenarbeit und Entwicklung beauftragten und von Engagement Global herausgegebenen ›Orientierungsrahmen für Globale Entwicklung‹ (KMK, BMZ, und EG 2016) wurde auch ein Kapitel zum Geschichtsunterricht erstellt. Die Aufnahme des Schulfachs in die Publikation ist ein zentraler Schritt für die Entwicklung des Lernbereichs. In der Einleitung des von Elisabeth Erdmann, Bärbel Kuhn, Susanne Popp und Regina Ultze erstellten Kapitels wird auf den spezifischen Beitrag des historischen Lernens zur Debatte um Globales Lernen hingewiesen, eben die Erschließung der „historische[n] Tiefendimension vergangener, gegenwärtiger und zukünftiger Phänomene im Lernbereich Globale Entwicklung" (Ebd. 2016, 241). Darüber hinaus bieten sich im Geschichtsunterricht jedoch noch weitere interessante Anschlusspunkte für die Entwicklung von Ansätzen Globalen Lernens: Die Auseinandersetzung mit Kontinuität und Wandel, Multiperspektivität sowie mit der Erfahrung von Alterität im historischen Kontext stellen zentrale Aspekte des historischen Lernens dar.

Zur Ausschöpfung dieses Potenzials bedarf es fundierter Beiträge der Fachdidaktik, welche Ansätze einer globalen Perspektivierung des Geschichtsunterrichts konkret greifbar machen und die fachwissenschaftliche Debatte um Ansätze der Globalgeschichte für die Unterrichtspraxis übersetzen. Einen Beitrag dazu, soll auch der vorliegende Text leisten.

3. 2. Boom der Globalgeschichte

So wie sich in der allgemeinen Pädagogik und der politischen Bildung seit den 1990er Jahren und verstärkt in den 2000ern unterschiedliche Akteure mit den gegenwärtigen Entwicklungen einer globalisierten Welt auseinandersetzen, findet auch in der Geschichtswissenschaft mit dem Ende des Kalten Krieges und dem damit einhergehenden geopolitischen Umbruch eine Neuausrichtung statt. Hier ist der Aufstieg global- und verflechtungsgeschichtlicher Perspektiven anzusetzen. Während sich in den USA bereits zu Beginn der 1990er Jahre der Aufstieg globalgeschichtlicher Perspektiven abzeichnet, die sich von älteren teleologischen und eurozentrischen universalgeschichtlichen Ansätzen abheben, finden diese Diskussionen in der BRD erst Jahre später statt. Zunächst richtet sich das Interesse im Zuge der Wiedervereinigung auf eine nationale Geschichtsschreibung. Erst in den 2000er Jahren mit dem Aufstieg der Globalisierungsdebatte gewinnen global- und verflechtungsgeschichtliche Perspektiven in der bundesdeutschen Debatte vermehrt an Aufmerksamkeit.

Das Interesse an Globalgeschichte ist für den Historiker Matthias Middell eine Reaktion auf die Geschichtslosigkeit der Globalisierungsdebatte und stellt einen Versuch dar, dieser etwas entgegenzusetzen. So wird eine tatsächlich zu beobachtende Verflochtenheit der Welt am Beispiel der vielseitigen Interaktionen historischer Akteure aufgezeigt (Middell 2009, 107–8). Auch der Historiker Karl Schlögel begründet sein Interesse für Raum und Geschichte durch die *„radikalen Veränderungen von Raum und Zeit im 20. Jahrhundert, die*

Wucht des Globalisierungsprozesses und die beschleunigte Durch-
setzung der neuen Technologien, die damit einhergehende Produk-
tion von Gleichzeitigkeit und Ungleichzeitigkeit auf engstem
Raum"(Schlögel 2016, 42). Ebenso benennen Shalini Randeria und
Sebastian Conrad in der Einleitung zu dem vielzitierten Sammelband
›Jenseits des Eurozentrismus‹ die Globalisierungsdebatte als Impuls
zur Entwicklung von neuen Perspektiven auf die imperiale Vergangenheit Europas. Damit einher geht die Grundannahme, dass die gegenwärtige Weltordnung und damit auch gegenwärtige
Globalisierungsprozesse durch ebendiese imperiale Vorgeschichte
strukturiert sind (Conrad und Randeria 2013, 32). Es geht ihnen darum, aus einer postkolonialen Perspektive die Verwobenheit der europäischen und außereuropäischen Welt, welche durch die
Globalisierungsdebatte vermehrt Aufmerksamkeit findet, in den
Blick zu nehmen und diese zum Ausgangspunkt der eigenen Geschichtsschreibung zu machen (Ebd. 2013, 33).

In den letzten Jahren sind im Bereich der globalgeschichtlichen
Forschung eine ganze Reihe von Arbeiten entstanden, die globale
Verflechtungen, Austauschprozesse und Interdependenzen konkret
empirisch greifbar machen. Dass die Wahrnehmung solcher Prozesse
nach 1989 rasant zunimmt, heißt jedoch nicht, dass es vorher keine
relevante Zirkulation von Ideen, Waren oder Menschen in der Welt
gab. Globalgeschichtliche Ansätze in der Geschichtswissenschaft
machen eine solche Verflochtenheit in der Vergangenheit greifbar
und bilden damit eine Grundlage für das Verständnis einer global vernetzten Welt heute.

Eine historisch fundierte Auseinandersetzung mit der Verflochtenheit der Welt ermöglicht der oben angeführten „Geschichtslosigkeit der Globalisierungsdebatte" (Middell 2009, 107), also einer
unvollständigen, verengten Perspektive auf Globalisierung, entge-
genzuwirken und schließlich diese auch in ihrer Entstehung zu begreifen. Hiermit könnte ein elementarer Beitrag zum Verständnis
einer gegenwärtigen globalen Welt vermittelt werden. Insbesondere,
dass die Verflochtenheit an empirischen Beispielen konkretisiert

wird, lässt eine reale Annäherung an das nebulöse und kaum greifbare *Globale* zu.

Den Fokus von globalen Perspektiven in der Schule dabei jedoch nicht auf Krisenszenarien zu verengen, ist zentral. Jenseits von realen Problemen, zerfallenden Staaten, dem fortschreitenden Klimawandel und sozialer Spaltung müssen im Schulunterricht auch andere Themen in den Fokus genommen werden. Vielmehr sollte darauf geachtet werden, in der Schule möglichst unterschiedliche globalgeschichtliche Herangehensweisen aufzuzeigen. Die reine Fokussierung auf Problemszenarien, wenn es in der Schule um außereuropäische Gesellschaften geht, birgt die Gefahren einer einseitigen, stereotypen Erzählung (Ngozi Adichie 2009). Zudem soll es auch nicht darum gehen, Schülerinnen und Schülern nun mit der Lösung globaler Krisen zu beauftragen, sondern diese vielmehr vorzubereiten, sich in komplexen Weltzusammenhängen zu orientieren. Eine globale Perspektive sollte an dieser Stelle nicht mit der Vorstellung verwechselt werden, aus einer „gottgleichen" Makroperspektive die Weltprobleme zu betrachten und zu lösen. Ein solches Verständnis eines globalen Bewusstseins führt in die falsche Richtung. Statt Omnipotenz sollte Globales Lernen Sensibilität für Differenz und Vielfalt und insbesondere für die eigene Standortgebundenheit und Begrenztheit der Perspektive in den Mittelpunkt stellen.

3.3. Historisches Raumbewusstsein

Gehen wir nun jedoch einen Schritt weiter und fragen nach der Umsetzung der eingangs dargelegten Forderung, der bewussten Reflexion der Kategorie Raum im Geschichtsunterricht und der Orientierung an globalgeschichtlichen Perspektiven im Schulunterricht, stehen wir vor der Herausforderung, dass wir kaum etwas über das Raumbewusstsein von SchülerInnen wissen.[1] Tiefergehende

---

1   In der allgemeinen Pädagogik bilden die Arbeiten von Karlheinz Behnke „Geographien der Kinder" (2005) und von Daniela Schmeinck „Wie Kin-

Auseinandersetzungen und zuverlässige empirische Forschungsbestände, die das Raumbewusstsein von Schülerinnen und Schülern mit der Frage nach dem Geschichtsbewusstsein zusammenbringen, gibt es kaum. Uns fehlen auch die Kategorien, um über die entsprechenden Vorstellungswelten und Erfahrungsräume zu sprechen. Ich werde im Folgenden von persönlichen und sozialen historischen Räumen von SchülerInnen sprechen. Wobei es dahinter kein ausgereiftes Konzept gibt. Vielmehr steht gerade in Bezug auf die Verknüpfung der Raumdimension mit einer zeitlichen Dimension und dem Geschichtsbewusstsein noch eine fundamentale Diskussion aus. Die persönliche direkte, gegenständliche Raumerfahrung steht nach meinem Verständnis in einem wechselseitigen Verhältnis mit einer indirekten (vielleicht als symbolisch oder imaginär zu bezeichnende) Raumerfahrung durch Erzählungen über und die Darstellung von Raum z.B. in Karten, Literatur, Alltagsgegenständen oder Kulturproduktion. Daraus leitet sich bereits ab, dass so verstandene individuell unterschiedliche, persönliche Räume immer auch in einem Wechselverhältnis zu sozialen Räumen stehen.

Einen Brückenschlag zum Geschichtsunterricht und einen Beitrag zur weiterführenden Theoriebildung leistet Vadim Oswalt. Für Oswalt stellt die Dimension Raum und Raumbewusstsein eine Voraussetzung für historisches Lernen dar und er plädiert für eine tiefergehende Auseinandersetzung mit dieser – auch in der Geschichtsdidaktik – lange vernachlässigten Kategorie. Deutlich wird diese Forderung im prägnanten Titel seines Aufsatzes ›Das Wo zum Was und Wann‹ (Oswalt 2010, 233). Die Auseinandersetzung der Didaktik mit Raumbewusstsein ist für ihn eine fundamentale Angelegenheit:

> „Ein raumbewusster Umgang mit historischem Lernen sollte auf allen Ebenen der Gestaltung der Curricula, in der Diagnostik der Lernvoraussetzungen der Schüler und bei der Einbettung und

---

der die Welt sehen. Eine empirische Ländervergleichsstudie zur räumlichen Vorstellung von Grundschulkindern" (2007) interessante Anschlusspunkte.

Verknüpfung unterschiedlicher geschichtsmethodischer Bezugspunkte im historischen Lernen eine Rolle spielen." (Oswalt 2010, 233)

Anschließend an die Erkenntnisse unterschiedlicher wissenschaftlicher Disziplinen zur Raumwahrnehmung hebt Oswalt exemplarisch drei Eigenschaften der Raumwahrnehmung hervor, die er mit Fragen des Geschichtsbewusstseins in Verbindung bringt. Diese Ansatzpunkte erscheinen zentral, wenn es darum geht die Debatte um Raum in der Geschichtsdidaktik zu verankern. Seine Ausführungen dazu korrespondieren mit dem trialektischen Raumverständnis Edward Sojas. Denn die Dimension Raum setzt Oswalt in ein gleichberechtigtes Verhältnis zu den Dimensionen Zeit und Soziales im historischen Lernen.

Erstens fasst Oswalt die Raumerfahrung vordergründig als ein individuelles Konstrukt. Diesem Verständnis geht die Annahme voraus, dass ebenso viele Räume wie Raumerfahrungen existieren. Dabei geht Oswalt davon aus, dass die persönliche, selektive Wahrnehmung des Raums und die sinnstiftende Verknüpfung der räumlichen Erfahrung mit bedeutungsvollen Inhalten eine Grundlage für das Erinnern bilden. Diese Grundannahmen zu einem individuellen Konstruktionsprozess von Erinnerung überträgt Oswalt auf das kollektive Erinnern (Ebd. 2010, 224):

„Dieser Sinnzusammenhang macht die Raumvorstellungen zu ‚Aufhängern' für Erinnerung. Das Wo bringt in der Regel das Wer oder Was zurück. Dies geschieht sowohl in der individuellen wie in der kollektiven Erinnerung, in der bestimmte Raumkonstrukte wie Region, Nation, Europa etc. mit einer bestimmten kollektiven Erinnerung verknüpft werden." (Oswalt 2010, 224)

Wie Ergebnisse der neueren Hirnforschung zeigen, gibt es für die räumliche Vorstellung keinen abgetrennten Bereich im Gehirn, sondern diese ist vielmehr Teil eines neuronalen Netzes, welches unterschiedliche Sinneswahrnehmungen miteinander verbindet. Durch diese Vermischung von sensorischen, auditiven oder olfaktorischen

Wahrnehmungen mit der Vorstellung und Wahrnehmung von Räumen kommt Oswalt zu der zweiten Schlussfolgerung über die Raumerfahrung: Raumerfahrung betrifft unterschiedliche Ebenen der Sinneswahrnehmung und ist dadurch emotional extrem aufgeladen. Auf diese Weise können Räume auch mit Erzählungen vernetzt sein, was die ungeklärte Frage aufwirft, wie Raum und historische Narration in Bezug zueinander stehen (Ebd. 2010, 224).

Die dritte Eigenschaft der Raumwahrnehmung fasst Oswalt als „identitätskonstitutiv" und hebt damit hervor, dass Raumwahrnehmungen auch die Wahrnehmung des Sozialen grundlegend strukturieren und das Selbstverständnis von Personen prägen (Ebd. 2010, 224).

> „Genauso wie das Hier Ausgangspunkt jedweder Orientierung ist, ist die Abgrenzung des Hier vom Dort, des Wir vom Anderen zentral für die Formung von Identitäten, die sich deshalb in Räumen bilden." (Oswalt 2010, 224).

Solche im Raum verankerten Selbstverständnisse werden zu politischen Zwecken instrumentalisiert. Beliebige Abgrenzungen bekommen dadurch eine spezifische Funktion und werden in objektive Sachverhalte umdefiniert. Und wenn wir die Raumerfahrung nach Oswalt als einen multisensorischen Prozess verstehen, der eben unterschiedliche Ebenen der Sinneswahrnehmung betrifft (Ebd. 2010, 225), lässt sich die damit verbundene emotionale Aufladung erklären, die sich in politischen Diskussionen über Grenzen, territoriale Ansprüche, nationale und ethnische Identitäten und Migration beobachten lässt. Eine Abwendung von der Kategorie Raum, insbesondere nach deren Instrumentalisierung durch die Nationalsozialisten, ist vor diesem Hintergrund zwar verständlich, löst die entsprechende Problematik jedoch nicht, sondern macht dieses nicht reflektierte Feld der historisch-politischen Urteilsbildung erst richtig gefährlich. Dass eine solche Auseinandersetzung in Zeiten eines globalen Rechtsrucks und populistischer Politik online wie offline eine zentrale Aufgabe der historisch-politischen Bildung darstellt, ist nicht genug zu unterstreichen.[2]

3.4. Alteritätserfahrung im historischen Lernen

Neben der bewussten Reflexion und einer Erweiterung der räumlichen Perspektive mit Bezug auf die Strukturierung der Lerninhalte, die im Folgenden genauer ausgelotet werden soll, sei hier auf das spezifische Potenzial des Geschichtsunterrichts im Umgang mit Alterität verwiesen. Eine reflektierte Auseinandersetzung mit Alteritätserfahrungen ist im Kontext ansteigender Fremdenfeindlichkeit und Rassismus sowie chauvinistisch-nationalistischer Positionen zentral. Wenn wir uns im Geschichtsunterricht mit Vergangenheit auseinandersetzen, beschäftigen wir uns stets mit etwas Fremden. Diese Auseinandersetzung mit anderen Denkweisen und Vorstellungswelten in der Vergangenheit bietet die Möglichkeit das *Eigene*, Dinge, die uns selbstverständlich erscheinen, zu hinterfragen. Das ermöglicht es, unsere eigenen Positionen zu verändern und neue Perspektiven zu entwickeln, aber auch die eigene Vorstellung zu verfestigen und klarer zu begründen. Michael Sauer unterstreicht hierbei:

> „Voraussetzung für das Fremdverstehen ist, sich für das historisch Andere tatsächlich zu öffnen, Situationen und Verhaltensweisen für sich gedanklich zu erproben, versuchsweise die Perspektiven des Fremden zu übernehmen." (Sauer 2012, 76).

Doch das ist bei Weitem kein einfacher Prozess und die Erfahrungen aus der Geschichtsdidaktik machen deutlich, dass SchülerInnen klassischerweise dazu neigen, ihre eigenen Bewertungsmaßstäbe an die Vergangenheit anzulegen und damit zu einem vorschnellen und eher unhistorischen Urteil über die Vergangenheit kommen. Hier darauf

---

2   In der politischen Bildung wird der Auseinandersetzung mit Emotionen im Kontext gesellschaftlicher Transformationen und neu aufbrechenden Diskussionen um Identitäten und Zugehörigkeiten eine zentrale Rolle zugesprochen, wie der 14. Bundeskongress Politische Bildung zu Emotionen in Politik und Gesellschaft (2019) zeigt.

hinzuarbeiten, dass SchülerInnen beginnen, sich auf andere Denkweisen und einen anderen gesellschaftlichen Kontext einzulassen, stellt eine Herausforderung des historischen Lernens dar (Ebd. 2012, 76). Eine weitere Ebene der Alteritätserfahrung im historischen Lernen kann erreicht werden, wenn auf einer Metaebene Alteritätserfahrungen in der Vergangenheit thematisiert werden und sich die SchülerInnen selbst mit dem Zusammentreffen, dem wechselseitigen Austausch und Interagieren unterschiedlicher Gesellschaften auseinandersetzen und Hybridität von Kultur an historischen Beispielen konkret fassbar wird. Aus diesen historisch-kulturellen Fremdheitserfahrungen lassen sich wichtige Kompetenzen für die Orientierung in der Gegenwart ziehen. Würde es gelingen, im Geschichtsunterricht eine nationale Binnenperspektive zu verlassen, andere Gesellschaften in ihrer eigenständigen Entwicklung ernst zu nehmen und die *eigene* Geschichte auch mal von einem anderen Standort zu betrachten, wäre dies ein zentraler Schritt zur *De-Zentrierung* historischen Lernens.

4. Vom Lernen über uns selbst

4.1. Der nationale Tunnelblick im Geschichtsunterricht

Soll die Forderung nach einer *De-Zentrierung* des Geschichtsunterrichts tatsächlich Anwendung in der Schule finden, kommen wir um eine ernsthafte Auseinandersetzung mit den Grenzen und Möglichkeiten der Rahmenbedingungen von Schule nicht herum. Zentral ist in diesem Sinne die Auseinandersetzung mit Lehrplänen. Auch wenn Diskussionen zur Neustrukturierung von Geschichtslehrplänen mit Blick auf die diskutierte Thematik sicherlich ausstehen, soll im Folgenden an den bestehenden Lehrplänen angesetzt und ausgelotet werden, wie globale Perspektiven hier anschließen lassen.

Klassischerweise beginnt der Geschichtsunterricht in Deutschland mit der Ur- und Frühgeschichte, springt dann zu den Ursprüngen der westlichen Kultur im Mittelmeerraum und kommt über das karolingische Reich zum christlichen Mittelalter, bevor es mit der deutschen Nationalgeschichte losgeht. Auf diese Weise – so bemerkt die Geschichtsdidaktikerin Susanne Popp – wird die deutsche Nationalgeschichte in eine 5000 Jahre repräsentierende Tradition gestellt. Daneben identifiziert Popp im Geschichtsunterricht mit Bezug auf die Frühe Neuzeit und Moderne zahlreiche Bezüge zur europäischen Geschichte, die eben nicht klassisch nationalhistorisch sind. So ist ein klassischer Themenkomplex im Unterricht zum Beispiel der Kalte Krieg und die Blockbildung in der zweiten Hälfte des 20. Jahrhunderts. In Lehrplänen oder Schulbüchern finden sich zudem schlaglichtartige exemplarische Exkurse zu Themen außereuropäischer Geschichte (Popp 2005, 498). Daneben werden durch Karten in Schulbüchern Weltvorstellungen transportiert.[3]

---

3   Der Einsatz von Karten im Geschichtsunterricht stellt ein zentrales Thema im Zug der hier diskutierten Fragestellung auf. Da an dieser Stelle nicht weiter darauf eingegangen wird, möchte ich zumindest auf die 2019 im Wochenschauverlag erschienene Veröffentlichung von Vadim Oswalt ›Karten als Quelle und Darstellung: Historische Karten und Geschichtskarten im Unterricht‹ aufmerksam machen.

Auch wenn nicht alle Themenkomplexe des Geschichtsunterrichts damit klassisch nationalgeschichtlich sind und die Kritik, der Geschichtsunterricht vermittle einen nationalen Tunnelblick, schnell ins Wanken zu kommen scheint, hält sich die Hypothese bei genauerer Betrachtung. Susanne Popp konkretisiert die Kritik an der traditionellen Chronologie im Geschichtsunterricht, indem sie von einem *nationzentrierten* Narrativ spricht.

> „Dennoch macht es durchaus Sinn, in Bezug auf den deutschen Kernlehrplan von einem nationzentrierten Narrativ zu sprechen. Denn damit wird der kaum zu bestreitende Sachverhalt verkürzend umschrieben, dass das deutsche Kerncurriculum in der nationalen historischen Identität und Geschichtskultur verankert ist und dies, nach allgemeinem gesellschaftlichem Konsens, auch sein soll." (Popp 2005, 298–99)

Dieses *nationzentrierte* oder auch *nostrozentrische* Narrativ drückt sich für Popp insbesondere in einer durchgängigen Binnenperspektive in Lehrmaterialien und Curricula aus und darin, dass die Relevanz eines Themas für die „eigene" Geschichte ein durchgängiges Auswahlkriterium darstellt. Dreh und Angelpunkt des Geschichtsunterrichts ist damit die „westlich-europäische" und insbesondere die „deutsche" Geschichte (Ebd. 2005, 499).

Bernd-Stefan Grewe sieht die Ausrichtung am nationalstaatlichen Narrativ in der Entstehungsgeschichte des Faches begründet. Ebenso wie die Geschichtswissenschaft erfüllte Geschichte als Schulfach ab dem 19. Jahrhundert die Funktion, den Nationalstaat als neue politische Einheit zu legitimieren. Dazu wurde die Disziplin entsprechend gefördert und Grewe sieht sie noch heute in dieser Kontinuitätslinie verankert, auch wenn diese mittlerweile durch (west-)europäische Bezugspunkte erweitert wurde (Grewe 2016, 301).

Auch Michael Sauer kommt zu dem Schluss, dass sich in der traditionellen Chronologie des Geschichtsunterrichts ein Kanon tradiert, der weder grundlegend diskutiert noch begründet wird (Sauer 2012, 48). Er macht zudem darauf aufmerksam, dass in der Geschichtsdidaktik durchaus andere Modelle zur Strukturierung von Lehrplänen diskutiert werden müssen. Denn das Schulfach Geschichte steht nicht nur vor der Problematik, dass im zeitlichen Verlauf neue Inhalte hinzukommen, sondern auch vor der Herausforderung, dass neue Forschungsansätze in der Geschichtswissenschaft auch neue Inhalte und Herangehensweisen für den Unterricht mit sich bringen (Ebd. 2012, 42). Eine chronologische Orientierung sei zwar sicherlich dadurch zu rechtfertigen, dass Vergangenheit im Kontext ihrer Vorgeschichte erst verständlich wird und auch nur durch eine Chronologie die Prozesshaftigkeit von Geschichte greifbar gemacht werden kann. Doch weist Sauer zugleich auf die Probleme einer solchen Strukturierung hin. So bleiben weltgeschichtliche Betrachtungen auf der Strecke. Zudem strukturiert die starre Chronologie so klar vor, dass eine Anpassung auf die Lerngruppe stark eingeschränkt ist (Sauer 2012, 48–49).

4.2. Folgen eines *nostrozentrischen* Geschichtsbewusstseins

Von dem Hintergrund der eingangs vorgestellten konzeptionellen Grundlegung einer *Trialektik des Seins*, eines Zusammendenkens von Raum, Zeit und Sozialem ist eine Strukturierung des Unterrichts, die sich ausschließlich auf die zeitliche Dimension stützt, klar defizitär. So wie sich die soziale Dimension sicherlich nicht adäquat erschließen lässt, wenn wir auf einer althergebrachten Personen- und Ereignisgeschichte beharren und im Unterricht auf Perspektiven der Sozial-, Geschlechter-, oder Kulturgeschichte verzichten, ist es längst überfällig, dass globalgeschichtliche Ansätze im Geschichtsunterricht ankommen.

Denn ein unreflektierter Umgang mit der Dimension Raum führt dazu, dass ein fundamentaler Teil des historischen Lernprozesses im Verborgenen bleibt, wie der Geschichtsdidaktiker Vadim Oswalt mit seiner Arbeit deutlich macht. Bestimmte Räume werden im Unterricht (ohne dies entsprechend zu diskutieren und zu reflektieren) in bestimmten historischen Phasen für wichtig erklärt, andere werden ausgeblendet. Diese Raumauswahl strukturiert das historische Lernen, doch die Implikationen dieser spezifischen Verbindung von

Raum und Zeit bleiben im Dunkeln (Oswalt 2010, 226). Empirische Arbeiten zu den Konsequenzen dieser spezifischen Raumauswahl für das historische Lernen fehlen bisher. Welche Räume hier in welcher historischen Phase als relevant erachtet werden, ist für Oswalt einer kulturellen Tradierung geschuldet. Es findet keine offene und reflektierte Diskussion über die vermittelten räumlichen bzw. identitären Bezugspunkte statt.

Würden wir uns der Frage nach der Raumauswahl ernsthaft stellen, wäre das Ergebnis sicherlich nicht, Nationalgeschichte im Unterricht abzuschaffen. Ganz im Gegenteil muss innerhalb einer nationalstaatlich organisierten Gesellschaft natürlich auch im Geschichtsunterricht eine Auseinandersetzung mit den Voraussetzungen und der Entstehung und der Zukunft dieser gesellschaftlichen Organisationseinheit stattfinden. Hoffentlich würden wir es aber schaffen, ein *nationzentriertes, nostrozentrisches* Denken im Geschichtsunterricht zu überwinden. Dann könnten Schülerinnen und Schüler dazu befähigt werden, lokale und nationale Phänomene in einen größeren Kontext einzuordnen und Zusammenhänge zu erfassen.

Nationalgeschichte ist an sich nicht problematisch. Kritisch wird es jedoch, wenn der Nationalstaat als hermetische, abgeschlossene Einheit gefasst wird und sich ein historisch-politisches Bewusstsein ausschließlich auf den nationalen Bezugspunkt bezieht. Nahe liegt dann auch die Vermittlung eines geschlossenen Kulturverständnisses. In einem *nationzentrierten* Geschichtsunterricht steckt eben auch die nicht zu unterschätzende Gefahr der Biologisierung der Geschichte und damit einhergehend der Essentialisierung von Kultur. So verweist die Geschichtsdidaktikerin Bärbel Völkel darauf, dass Schülerinnen und Schüler zu Beginn des Geschichtsunterrichts klassischerweise über die eigene Familiengeschichte an die Geschichte der Nation herangeführt werden. Das Bild des Familienstammbaums mit seinen Wurzeln, den eigenen Ahnen, wird zur Metapher der didaktischen Vermittlung des Phänomens Geschichte. Doch Fehlschlüsse liegen nahe, wenn eine kulturell hervorgebrachte Gemeinschaft mit einem auf biologischer Abstammung basierenden Familienkonzept vermittelt wird (Völkel 2016, 60–63).

Mit den Konsequenzen einer solchen Geschichtsvermittlung beschäftigt sich Bärbel Völkel in ihrem Aufsatz ›Von ungewollten Nebenwirkungen eines traditionellen chronologischen Geschichtsunterrichts‹ (Ebd. 2013). Mit Bezug auf die Debatte um Thilo Sarrazins polemisches Buch ›Deutschland schafft sich ab‹ und die damit einhergehende und in den letzten Jahren durch neue Rechte und altbekannte konservative PolitikerInnen weitergeführte Diskussion zur „deutschen Leitkultur" stellt sie die These auf, die im Geschichtsunterricht vermittelte traditionelle Chronologie von der Antike bis zur Gegenwart trage eine Mitverantwortung an der Emotionalität der Debatte über den Islam in Deutschland (Völkel 2013, 402). Dahinter steht für sie die Frage:

> „Soll der deutsche Nationalstaat in Zukunft immer weiter zu einer Staatsnation ausgebaut werden, mit der Gefahr, zugunsten von Kompromissen, die der Heterogenität der Gesellschaft geschuldet sind, das ‚Eigene', das spezifisch ‚Deutsche', mehr und mehr aufzugeben im Sinne einer gemeinsamen Annäherung und Veränderung? Oder soll sich die Nation weiterhin primär als Kulturnation verstehen können und dürfen, bei der das ‚Eigene' gegenüber dem ‚Fremden' durch eine restriktive Politik geschützt werden soll?"(Völkel 2013, 402–3)

Völkel sieht darin eine ausstehende Diskussion über historische Sinnbildung, Dauer und Wandel, die in den Kompetenzbereich der Geschichtsdidaktik fällt und setzt sich mit den Folgen eines nationalen Narrativs auseinander, welches zur Konstruktion einer kohärenten eigenständigen Geschichte von der Antike bis zur Gegenwart fungiert. Dabei werde ungewollt die Vorstellung einer Abstammungs- und Wertegemeinschaft sowie Anforderungen der Solidarisierung mit derselben vermittelt und historisch fundiert (Ebd. 2013, 406–9). Völkel beschreibt diese Logik in Anlehnung an Jörn Rüsen als ethnozentrisch. Ethnozentrismus definiert sie in diesem Fall als

> „kulturelle Strategie, bei der die kollektive Identität der eigenen Gruppe durch eine Unterscheidung von anderen Gruppen in einer Art

und Weise gewonnen wird, indem der eigene soziale Raum substanziell als gemeinsamer und vertrauter Raum vom sozialen Raum der Anderen unterschieden wird" (Völkel 2013, 409).

Andere geschichtswissenschaftliche Zugänge werden in dieser Logik zu Sonderfällen und dass zwar der Mittelmeerraum in der Antike behandelt wird, ein Blick auf die frühen Hochkulturen (z.B. der Azteken, Maya oder Inka) in den Amerikas zur Zeit des Mittelalters jedoch irrsinnig erscheint, bedarf überhaupt keiner Begründung. Im Aufbau des Curriculums werden auch die Interessen oder Lebenswelten von SchülerInnen sowie die Herausforderungen, mit denen diese sich heute und in Zukunft beschäftigen müssen, gegenüber dem Primat der Nationalgeschichte zurückgestellt. Zwischen starrer Chronologie und schulübergreifenden vergleichenden Abschlussprüfungen bleibt Lehrerinnen und Lehrern kaum die Möglichkeit den Unterricht auf die Lerngruppe anzupassen.

Von der Geschichtsdidaktik werden die im Geschichtsunterricht der BRD dominierenden Narrative und die unreflektierte räumliche Schwerpunktsetzung stark kritisiert. So hält der Geschichtsdidaktiker Bernd-Stefan Grewe diese für wissenschaftlich nicht tragbar. Er plädiert für einen globalgeschichtlich orientierten Geschichtsunterricht, der sich an aktuellen Herausforderungen orientiert. So argumentiert Grewe, dass der Fokus auf West- und Mitteleuropa zentrale Teile einer europäischen Geschichte ausklammere. Dabei würde zum Beispiel die Rolle des osmanischen Reichs für das europäische Mächtegleichgewicht vergessen (Grewe 2016, 299–300).

Susanne Popp sieht ebenso ein großes Potenzial in der Einbeziehung globalgeschichtlicher Perspektiven. Am Vergleich deutscher Curricula mit stärker global-konzipierten US-amerikanischen *Weltgeschichte Curricula* arbeitet sie grundlegende Defizite des deutschen Geschichtsunterrichts in Bezug auf eine globale Orientierung des Geschichtsbewusstseins, wie auch auf das historische Lernen im Allgemeinen heraus. So bemängelt Popp, dass in den deutschen *nationzentrierten* Curricula die abstrakte Bezugsgröße der Menschheit als geschichtliche Denkgröße aus dem Blickfeld gerate. Darüber hinaus würde den Schülerinnen und Schülern nicht die Möglichkeit gegeben, die vorgegebene und stark limitierte *nostrozentrische* Perspektive auch als solche zu erkennen. Die eigene Standortgebundenheit und das darunterliegende Identitätskonzept werden nicht transparent gemacht (Popp 2005, 499).

> „Recht große Verstehensprobleme erwachsen aus der nationzentrierten Binnenperspektive erfahrungsgemäß dort für Lernende, wo transnational bedeutsame Phänomene, wie z.B. Industrialisierung oder ‚nation building', völlig unkommentiert ausschließlich in ihrer speziellen nationalhistorischen Ausprägung und allein im Bezug auf ihre Bedeutung für ‚unsere' Geschichte dargestellt werden. Dann sind Schüler und Schülerinnen zumeist überfordert, eine allgemeine und eine nostrozentrische Bedeutungsschicht zu unterscheiden." (Popp 2005, 501)

Die Problematik sieht sie nicht allzu sehr in der Standortgebundenheit des vermittelten Narrativs an sich. Sie geht vielmehr davon aus, dass jede Geschichte grundsätzlich zentriert ist und auch nicht frei von Identitätsbezügen. Vielmehr geht es ihr um eine Sichtbarmachung dieser beschränkten Perspektive durch den Einbezug welt- und globalgeschichtlicher Perspektiven, die erst ermöglichen, andere Perspektiven als nationzentriert zu identifizieren (Popp 2005, 499). An diesen Gedanken anschließend unterstreicht Teresa Gärtner die Folgen dieser fehlenden Einordnung in einen größeren Kontext:

> „Ohne einen permanent präsenten Weltmaßstab führt dies zu einer potenziellen Einzigartigkeit des eigenen Standorts, wobei das Spezifische von dem vorgeblich Allgemeinen nicht getrennt werden kann. Dieses nationalhistorische Narrativ konstruiert eine ‚Nicht-Wir'-Gruppe mit oppositionellen Merkmalen gegenüber der ‚Wir'-Gruppe, um deren Identität zu betonen. " (Gärtner 2012, 36)

Um dem zu entgehen, fordert sie ein, die Geschichte der „Nicht-Wir"-Gruppe nicht weiter im Geschichtsunterricht zu marginalisieren, sondern dezidiert zu thematisieren und Alteritätserfahrungen und Perspektivwechsel zu einem fundamentalen Bestandteil historischen Lernens zu machen (Ebd., 36).

Globalgeschichtliche Perspektiven im Geschichtsunterricht lassen sich also nicht auf eine Reflexion der territorialen Bezugspunkte reduzieren, denn Geografien sind mit bestimmten Vorstellungswelten, historischen Narrationen und Identitätsbildung verwoben. Die Wahrnehmung von Vergangenheit ist durch unseren Standpunkt in der Welt bestimmt, wird von unterschiedlichen Sinneswahrnehmungen und kognitiven Karten, sowie darin verfestigten Raumstereotypen begleitet (Oswalt 2010, 225). Historisches Lernen muss deshalb dringend in seiner räumlichen Dimension wahrgenommen werden und Raumbezüge im Geschichtsunterricht klar begründet werden.

5. Impulse zur De-Zentrierung des Geschichtsunterrichts

Aufbauend auf die im vorhergehenden Kapitel vorgestellte Kritik an der mangelnden Reflexion von Raumbezügen im Geschichtsunterricht, soll im Folgenden ein praktischer Zugang zur Umsetzung der Forderung einer *De-Zentrierung* des Geschichtsunterrichts entwickelt werden. Dazu wird an die theoretischen Impulse der Verflechtungsgeschichte (*Entangled History*) angeknüpft, die sich auf die Prämissen des *Spatial Turns* bezieht.

Seit den 70er Jahren haben sich in der Geschichtswissenschaft kritische Strömungen durchgesetzt, die allumfassende Masternarrative ablehnen. Diese Vorstöße können als ein Versuch der Öffnung der Geschichtswissenschaft und das Platzschaffen für Akteure verstanden werden, die bisher keinen Platz in der Geschichte hatten (Middell 2009, 104). Sozial- und kulturgeschichtliche Zugänge, Alltagsgeschichte, Oral History oder Ansätze der Geschlechtergeschichte haben nicht nur neue Perspektiven aufgezeigt, sondern ganz neue soziale Räume in den Blick genommen. Post- bzw. dekoloniale Ansätze, die vor allem von Intellektuellen aus dem Globalen Süden vorangetrieben wurden, plädierten dafür, sich von westlichen Entwicklungsnarrativen zu lösen und lokale, subalterne Perspektiven in die eigene Forschung einzubeziehen (Kaltmeier 2012, 25). Damit werden epistemische Grundfesten der Wissensproduktion sowie politische, soziale, ökonomische und kulturelle Machtasymmetrien einer postkolonialen Weltordnung in den Blick genommen. An diese Entwicklungen und Diskussionen schließt Verflechtungsgeschichte an und nimmt ausgehend von einer transkulturellen Perspektive die Vernetzung von Gesellschaften in den Blick. Das bedeutet eine Abwendung von Nationen, Zivilisationen und abgeschlossenen Einheiten als Analysekategorien. Vielmehr werden dieselben als Produkt globaler Austauschprozesse betrachtet und nicht als natürliche Einheiten und gegebene Untersuchungsräume (Bauck und Maier 2015).

Durch die Kritik an exklusiv nationalen Narrativen in der Geschichtsschreibung weist der Ansatz eine großflächige Überschneidung mit den jüngsten Debatten in der Globalgeschichte auf und lässt sich damit auch als Teil einer neuen Debatte innerhalb derselben betrachten. Der Ansatz grenzt sich jedoch deutlich von der älteren Weltgeschichte wie auch Autoren der Globalgeschichte ab, die in ihren Arbeiten ein geschlossenes Kulturverständnis oder eine westliche Überlegenheit als gegeben voraussetzen (Bauck und Maier 2015). Neuere globalgeschichtliche Ansätze verfolgen, anders als die Universalgeschichte, auch nicht das Ziel, übergreifende historische Gesetzmäßigkeiten zu entwickeln. Globalgeschichte ist zudem nicht mit einer weltumspannenden, allumfassenden Makroperspektive gleichzusetzen. Neuere Arbeiten der Globalgeschichte setzen oftmals lokal an und machen globale Austauschprozesse und Verflechtungen vor Ort empirisch greifbar (Grewe 2016, 302). Anders als im 20. Jahrhundert, als die Beschäftigung mit Weltgeschichte eher parallel zu den übrigen Ansätzen der Geschichtswissenschaft ablief und in den Aufgabenbereich älterer Historiker fiel, sind in den vergangenen Jahren zahlreiche empirische Arbeiten von zunehmend jüngeren WissenschaftlerInnen entstanden. Zudem orientieren sich ganz unterschiedliche Zugänge der Geschichtswissenschaft an globalgeschichtlichen Perspektiven. In Wirtschafts- über Umweltgeschichte bis zu eher sozial- oder kulturhistorischen Arbeiten werden globalgeschichtliche Zugänge selbstverständlich einbezogen (Conrad 2013, 13).

Im Folgenden werden zentrale Reflexionen der Global- und Verflechtungsgeschichte vorgestellt und mit den entsprechenden Diskussionen innerhalb der Geschichtsdidaktik in Verbindung gebracht. In der Geschichtsdidaktik lässt sich eine entsprechende Debatte über globalgeschichtliche Perspektiven im Unterricht beobachten. Hier lässt sich beispielsweise auf den von Susanne Popp und Johanna Forster herausgegebenen Sammelband ›Curriculum Weltgeschichte. Interdisziplinäre Zugänge zu einem global orientierten Geschichtsunterricht‹ (2003) hinweisen.

5.1. Abkehr vom methodologischen Nationalismus

Globalgeschichtliche Ansätze plädieren für die Überwindung eines *methodologischen Nationalismus*[4]. Diese Kritik bezieht sich nicht nur auf die Fokussierung auf Ereignisse innerhalb des Nationalstaats, sondern auch auf methodische Zugänge, welche sich aus der nationalstaatlichen Perspektive ableiten. Oft wird dabei auch von einem *Containerdenken* gesprochen und kritisiert, dass durch ein Denken in Nationalstaaten als abgeschlossenen räumlichen Containern, soziale Zusammenhänge und Austauschbeziehungen jenseits dieser feststehenden Einheiten aus dem Blick geraten (Conrad 2013, 24). Mit Bezug auf den Geschichtsunterricht lässt sich dazu die im vorhergehenden Kapitel vorgestellte Kritik an einem *nationzentrierten* Curriculum anführen. Aber auch auf anderen Ebenen, z.B. durch die nicht ausreichend reflektierte Auswahl von Analysekategorien oder in der Planung von Unterrichtseinheiten, kann ein methodologischer Nationalismus wirken. Dazu bemerkt der Geschichtsdidaktiker Bernd Stefan Grewe: *„Wir müssen ganz grundlegend darüber nachdenken, ob eine in und für Europa geprägte Begrifflichkeit implizit normative Vorstellungen enthält und sich überhaupt universell, also auch auf außereuropäische Kontexte anwenden lässt." (Grewe 2016, 310).* Wie man bei der Planung von Unterrichtseinheiten nicht in die Falle des *methodologischen Nationalismus* tritt und stattdessen die räumliche Dimension in der Strukturierung des Geschichtsunterrichts reflektieren kann, macht Vadim Oswalt in seiner Handreichung ›Planung von Unterrichtseinheiten. Wie man Geschichte (an)ordnen kann‹ (Oswalt 2016) deutlich.

Die Abkehr von einem *methodologischen Nationalismus* bedeutet dabei jedoch nicht, dass der Nation oder dem Nationalstaat keine Aufmerksamkeit mehr geschenkt werden sollte. Diese Kritik auf methodischer Ebene ist nicht als Plädoyer dafür zu verstehen, dass der Nationalstaat obsolet geworden ist. Sowohl in der Vergangenheit als

---

4   Der Begriff wurde durch den deutschen Soziologen Ulrich Beck geprägt.

auch in der Gegenwart bilden Nationalstaaten eine wirkmächtige Einheit, welche die politische Organisation vieler Gesellschaften, Wissensordnungen und vieles mehr zentral beeinflusst.

Aktuelle politische Entwicklungen wie der Brexit oder der zunehmende Einfluss rechter Parteien weisen darauf hin, dass wir eben nicht auf einen Niedergang des Nationalstaatenmodells zugehen, wie es viele Stimmen im Kontext der Globalisierungsdebatte prophezeiten. María do Mar Castro Varela und Alisha Heinemann sehen vielmehr ein „neopatriotisches Zeitalter" bevorstehen (Castro Varela und Heinemann 2017, 41–42). Deshalb bleibt der nationale Rahmen für eine Vielzahl von Fragestellung sicherlich auch eine relevante Bezugsgröße. Wobei die Erschließung des globalen Horizonts nationalgeschichtlicher Ereignisse dabei nicht vergessen werden sollte.

Sich mit einem *methodologischen Nationalismus* in der Geschichtsdidaktik auseinanderzusetzen, bedeutet das Fach grundlegend zu hinterfragen und sich auch mit den möglichen ungewollten Nebenwirkungen der klassischen nationalen Chronologie im Geschichtsunterricht (Völkel 2013) auseinanderzusetzen. Die Überlegungen zu einer *De-Zentrierung* des Geschichtsunterrichts stellen einen Beitrag zu dieser noch ausstehenden Debatte dar. Es geht dabei nicht um eine allumfassende Kehrtwende, sondern vielmehr um einen integrativen Ansatz, der auf die Förderung eines vernetzten historischen Denkens zielt und auf die bestehenden Rahmenbedingungen von Schule bezogen ist.

Sicherlich sollte eine verflechtungsgeschichtliche Perspektive im Schulunterricht nicht überstrapaziert werden. Schließlich ist nicht immer und überall der globale Kontext zentral und nicht alles ist miteinander verflochten und vernetzt. Vielmehr gibt es Fragestellungen, die einer globalgeschichtlichen Wendung eher bedürfen als andere (Conrad 2013, 27). Wenn wir historischen Wandel nur noch global zu denken versuchen, besteht eben auch die Gefahr, lokale oder nationale Eigendynamiken aus dem Blick zu verlieren (Grewe 2016, 314). Es geht vielmehr um die Förderung eines vernetzten, räumlichen-historischen Denkens, welches sich in den herkömmlichen Geschichtsunterricht integrieren lässt, indem es an den klassischen, nationalhistorisch ausgerichteten, Lehrplanthemen ansetzt. Dieses Vorhaben knüpft an Susanne Popps Ansatz einer welt- und globalgeschichtlichen Perspektivierung an. Popp bemerkt hierzu:

> „Stellt man nämlich die ‚Weltgeschichte' unverbunden neben eine Nationalhistorie, die als ‚unsere eigene' Geschichte firmiert, so repräsentiert jene, notgedrungen, eine Geschichte des ‚Nicht-Wir', anstatt dass die nationale ‚Eigengeschichte' in übergreifende, ‚weltgeschichtliche' Entwicklungen eingeordnet würde. Somit verfehlt dieses Arrangement Entscheidendes: Es fördert nicht den Perspektivwechsel, der die ‚Eigengeschichte' einmal in der vertrauten Binnenperspektive, dann aber auch in einer weltgeschichtlichen Makroperspektive wahrnimmt."(Popp 2005, 493)

Dieses Vorgehen lässt sich an eine räumliche Bezugsebene der Verflechtungsgeschichte anschließen, welche die globale Ebene gar nicht separiert von der nationalen oder lokalen Ebene versteht, sondern auf globale Verflechtungen, Interaktionen und Austauschprozesse blickt, die sich lokal manifestieren. Statt ein nationales Narrativ durch ein globales zu ersetzen, soll durch einen Verflechtungsansatz ein vernetztes historisches Denken gefördert werden und dadurch die räumliche Bezugsebene bewusst reflektiert werden. Um globale Verflechtungen historisch denken zu lernen, scheint der von Popp vorgeschlagene Schritt, eine nationale Binnenperspektive mit einer globalen Makroperspektive zu kontrastieren, zentral. Dieser Ansatz lässt sich jedoch weiterdenken und durch Impulse der Verflechtungsgeschichte ausbauen. Popp wählt den Doppelbegriff *„welt- und globalgeschichtliche* Perspektivierung". Mit *Globalgeschichte* bezieht sich Popp auf die Geschichte der Globalisierung. Um die angestrebte „transregionale und -kulturelle Horizonterweiterung" jedoch nicht auf die zeitlich eingrenzbare Globalisierung zu beschränken, nimmt sie den Begriff der *„weltgeschichtlichen Perspektivierung"* hinzu. Damit wird Bezug auf eine den Globus umfassende räumliche Horizonterweiterung genommen. Ziel ist es, die „Schüler und Schülerinnen vor allem mit einer Makroperspektive im Weltmaßstab vertraut (zu) machen" (Popp 2005, 494). Ich möchte hingegen dafür plädieren, den Begriff der *Globalgeschichte* weiter zu fassen und eben nicht auf die Geschichte der Globalisierung zu begrenzen. Vielmehr verstehe ich Globalisierungsgeschichte als ein Teilgebiet der Globalgeschichte, welches einen speziellen Fokus und nochmal eigene Fragestellungen aufzeigt (hierzu siehe auch: Conrad 2013, 19). In der Debatte um Globales Lernen in der Schule scheint mir die starke Fokussierung auf Globalisierung durchaus problematisch. Denn wenn die Bestrebungen, globale Perspektiven in den Unterricht zu bringen, sich nur zwischen einem teleologischen Narrativ der fortschreitenden Vernetzung (Ebd., 13) auf der einen Seite und globalen Krisen auf der anderen Seite bewegt, ist die hierdurch vermittelte globale Perspektive durchaus einseitig. Zudem ist es mir wichtig aufzuzeigen, dass eine globalgeschichtliche Perspektivierung nicht zwangsläufig mit einer Makroperspektive gleichzusetzen ist. So lässt sich an dieser Stelle auf die historiographische Auseinandersetzung mit den Debatten um den *Spatial Turn* und das zentrale Zitat Karl Schlögels verweisen. *„Es gibt keine Geschichte im Nirgendwo. Alles hat einen Anfang und ein Ende. Alle Geschichte hat einen Ort."* (Schlögel 2016, 71)

Und in diesem Sinne lassen sich auch globale Verflechtungen konkret im Lokalen festmachen, und zwar genauso vor der eigenen Haustür, im eigenen Alltag, wie auch an weit entfernten Orten der Welt, im Alltag anderer Leute, in Gegenwart wie Vergangenheit. Der Soziologe Roland Robertson prägte bereits in den 1990er Jahren den Begriff der *Glokalisierung*, um auf eine wechselseitige Durchdringung globaler und lokaler Zusammenhänge aufmerksam zu machen (Beck 1989, 88–94). Castro Varela und Heinemann folgern im Anschluss an Robertson:

> „Das Globale lässt sich immer im Lokalen identifizieren, wie auch ohne das Lokale das Globale nicht mehr lesbar ist. Bildungspolitisch übersetzt würde dies bedeuten, dass jede Bildung notwendigerweise auch global ist." (Castro Varela und Heinemann 2017, 41–42)

Ausgehend von lokalen Manifestationen des Globalen machen neuere globalgeschichtliche Ansätze globale Perspektiven nicht nur empirisch, sondern auch für den Schulunterricht greifbar. Klassischerweise greift auch Globales Lernen auf diese Idee zurück, was oft in dem Slogan „Global denken, lokal handeln" gefasst wird. Unterrichtsmaterialien zu Globalem Lernen setzten oft an alltäglichen Gebrauchsgegenständen an und zeichnen deren globale Produktionskette nach. Hier lässt sich z.B. auf die Unterrichtsmaterialien des Welthaus Bielefeld e.V. hinweisen, die den Produktionsprozess von Kakao mit allen Sinnen erfahrbar machen (BildungsBag SchokoExpedition) oder die globale Ökonomie an der Produktionskette und der weiten Reise einer Jeanshose nachzeichnen (Welthaus Bielefeld 2013).

- Bernd-Stefan Grewe denkt dieses Vorgehen für den Geschichtsunterricht in seinem Aufsatz ›Entgrenzte Räume und die Verortung des Globalen‹ (2016) an einer Kakao-Kanne aus dem Aachener Couven Museum durch und weist an dem Beispiel auf die enge Verbindung zwischen europäischer Konsumgeschichte, Kolonialismus und Sklavenhandel hin.

- In ähnlicher Weise geht der Geschichtsdidaktiker Lars Deile vor und zeichnet, ausgehend von einem Alltagsgegenstand, einem Kamm des Hamburger Traditionsunternehmens Hercules Sägemann, Konflikte um den Kautschukanbau im Amazonasgebiet im 19. und 20. Jahrhundert nach (Barricelli u. a. 2018).

- In der Publikation ›Kolonialismus und Dekolonisation in nationalen Geschichtskulturen und Erinnerungspolitiken in Europa‹ finden sich Module für den Geschichtsunterricht zum europäischen Kolonialismus des späten 18. Jahrhunderts. Diese setzten an den Waren Kartoffeln, Kaffee und Zucker an und zeigen auf, wie diese außereuropäischen Importe den Kontinent verändert haben. Oder weisen am Beispiel einer Schweizer Auswandererfamilie auf die europäische Verstrickung mit der Sklavenwirtschaft in Brasilien hin (Fenske u. a. 2015).

- Auf diese ambivalente europäische Moderne, deren Schattenseiten, Kolonialherrschaft und Sklaverei, viel zu oft nicht thematisiert werden, geht auch die Unterrichtsmappe ›Respekt, Ehre, Verdienst? Die Up-manns. Geschichte eines globalen Familienunternehmens‹ ein. Dabei orientiert sich die Einheit an einzelnen Stationen der Unternehmensge-schichte der Bielefelder Kaufmannsfamilie, die durch eine Tabakma-nufaktur zu großem Reichtum und Ansehen kam, und fordert die SchülerInnen selbst dazu auf, ein historisch-politisches Urteil zu fällen (Frey 2019).

5.2. Eurozentrismus überwinden

In der Debatte um Globalgeschichte werden einseitige, eurozentri-sche Sichtweisen hinterfragt und Ansätze kritisiert, die globale Ereig-nisse als eine Art Diffusion europäischer Errungenschaften verstehen, wie ältere weltgeschichtliche Ansätze dies oft getan haben. Sebastian Conrad bemerkt hierzu, dass sich globalgeschichtliche Ar-beiten heute von diesem Verständnis einer „Weltgeschichte als Ein-bahnstraße" deutlich abgrenzen und stattdessen die „relationale Dimension historischer Prozesse" betonen und im Gegenzug die Be-deutung von Interaktionen und Austausch hervorheben (Conrad 2013, 22–23).

> „Nicht zuletzt lässt sich auch die europäische Entwicklung nicht au-tonom, aus sich heraus erklären; sie war ebenso eingebunden in un-terschiedliche Interaktionszusammenhänge." (Conrad 2013, 22–23)

Der 2002 in der Erstauflage erschienene und von Sebastian Conrad, Shalini Randeria und ab der zweiten Auflage auch von Regina Römhild herausgegebene Sammelband ›Jenseits des Eurozentris-mus" formuliert eine deutliche Kritik an der Idee, eine europäische Moderne sei eine eigenständige, vom Rest der Welt losgelöste, Ent-wicklung (Conrad und Randeria 2013, 33). Damit wird eine Fort-schrittsgeschichte des Westens hinterfragt, welche die Geschichte Europas als abgetrennte und aus sich selbst heraus geschaffene Ent-wicklung interpretiert (Ebd., 35). Um diese Gedanken zu veranschau-lichen, zitieren Regina Römhild und Shalini Randeria in der Einleitung des Sammelbandes den in Kingston, Jamaika, geborenen

Kulturtheoretiker Stuart Hall. Er ist einer der führenden Kulturtheoretiker Großbritanniens und seine Arbeiten gelten als zentrale Bezugspunkte für antikoloniale und antiimperialistische Bewegungen.

> „Menschen wie ich, die in den 1950ern nach England kamen, waren schon seit Jahrhunderten da. (…) Ich kam nach Hause. Ich bin der Zucker auf dem Boden der englischen Teetasse. Der Tee ist das Symbol englischer Identität. Aber wo kommt er her? Ceylon - Sri Lanka, Indien. Das ist die äußere Geschichte, die im Inneren der Geschichte Englands ist. Es gibt keine englische Geschichte ohne diese andere Geschichte." (Hall 2017, 74)

Durch eine solche relationale Perspektive wird die Diskussion um die Moderne kritisch neu verortet. Globalgeschichtliche Arbeiten, wie Sven Beckerts ›King Cotton‹ (Beckert 2015), haben in den letzten Jahren solche theoretischen Prämissen empirisch aufgegriffen und konkret greifbar gemacht. Beckert analysiert in seiner Arbeit die kapitalistische Weltwirtschaft am Beispiel des zentralen Rohstoffs Baumwolle und untersucht empirisch die Zusammenhänge zwischen Imperialismus und Industrialisierung. Auf diese Weise zeigen globalgeschichtliche Arbeiten ganz neue Zugänge zu altbekannten und für den Geschichtsunterricht zentralen Themen, wie der industriellen Revolution.

- In der im Klett-Verlag erschienene Quellensammlung ›Globale Perspektiven im Geschichtsunterricht‹ (2010) macht Wolfgang Geiger die Auseinandersetzung mit der Ware Baumwolle, Globaler Arbeitsteilung und Industrialisierung auch für den Geschichtsunterricht greifbar.

- Wie ein nicht eurozentrischer Zugang im Geschichtsunterricht aussehen kann, wird auch in der Unterrichtsmappe ›Kalter Krieg in Lateinamerika‹ aufgezeigt. Die Materialien nehmen Akteure in den Blick, die in einer eurozentrischen Betrachtung des Kalten Krieges keine Beachtung finden (Petersen 2018).

Anschließend an diese Gedanken wird *Eurozentrismus* als eine Perspektive bezeichnet, welche die historische Entwicklung Westeuropas und Nordamerikas als ein universales Modell fasst, das einen

Maßstab für alle anderen Gesellschaften und ihre historischen wie gegenwärtigen Prozesse darstellt. Denn ein solcher Vergleich geht mit einer Perspektive des Mangels einher. Unterschiede werden zwangsläufig zu Defiziten (Conrad und Randeria 2013, 35). Einseitigen, eurozentrischen Erzählungen stellt Shalini Randeria das Konzept von *Geteilten Geschichten* gegenüber. Es geht um die Entwicklung eines transnationalen Zugangs der Analyse einer als verwoben verstandenen Moderne. Ein Ansatz, der sowohl Gemeinsamkeiten, Verflochtenheit und Zusammengehörigkeit als auch Differenzen, Brüche und Grenzziehungen in den Blick nimmt (Ebd., 62).

> „Der Begriff der ‚geteilten Geschichten' geht [...] konzeptionell über die Betonung historischer Gemeinsamkeiten hinaus. Die vielfältigen Interaktionen produzierten nicht nur eine geteilte/gemeinsame Geschichte, sondern zugleich Grenzziehungen und Brüche. Dies betrifft einerseits zahlreiche Differenzen und Ungleichheiten innerhalb von Gesellschaften, aber auch Abgrenzungen zwischen den Nationalstaaten." (Conrad und Randeria 2013, 41)

Im Begriff „geteilt" steckt im Deutschen eine Doppeldeutigkeit, die sich in der englischen Übersetzung durch die Begriffe *shared* und *divided* ausdrücken ließe. Damit fasst der Begriff die Ambivalenzen einer Geschichte von Interaktionen und Austausch. Eine Geschichte, die gleichzeitig eine geteilte im Sinne einer gemeinsamen ist, als auch eine geteilte im Sinne einer getrennten, differenten bzw. trennenden Erfahrung.

> „Einerseits kann man die Entstehung und Entwicklung der modernen Welt als ‚gemeinsame Geschichte' lesen, in der verschiedene Kulturen und Gesellschaften eine Reihe zentraler Erfahrungen teilten und durch ihre Interaktionen und Interdependenzen die moderne Welt gemeinsam konstituierten. Andererseits brachte die zunehmende Zirkulation von Gütern, Menschen und Ideen nicht nur Gemeinsamkeiten, sondern zugleich Abgrenzungen hervor [...]." (Conrad und Randeria 2013, 39–40)

Ziel ist keine bloße Umkehrung der eurozentrischen Perspektive, sondern eine *De-Zentrierung* des „Westens" als unhinterfragter Maßstab sowie eine Kritik einer teleologischen, selbstreferenziellen Geschichte der Moderne (Conrad und Randeria 2013, 36). Stattdessen wird vorgeschlagen, die moderne Geschichte als „ein Ensemble von Verflechtungen" zu denken und einen Tunnelblick zu überwinden, welcher die Geschichte Europas oder einer Nation aus sich selbst heraus herleitet (Ebd., 40). Randeria plädiert damit für einen relational gedachten Ansatz und die Fokussierung auf Interaktionen der außereuropäischen Welt mit Europa (Ebd., 37). Ein solches Verständnis der europäischen Moderne und der Geschichte des Kolonialismus als zwei Seiten einer selben Medaille stellt den Kern post- und dekolonialer Theorien dar (Mignolo 2000).

Eine *De-Zentrierung* des Westens bedeutet auch eine Loslösung von binären Kategoriesystemen und nicht zuletzt die Verabschiedung von einem geschlossenen Kulturverständnis. Homi Bhabha plädiert in diesem Sinne für ein offenes und dynamisches Kulturverständnis. Statt Kulturen in Vergangenheit oder Gegenwart als statische und natürlich gegebene Kategorien zu fassen, betont er Prozesse der Verhandlung und Konstruktion von Kultur und Identität. Vor diesem Hintergrund lässt sich die Tendenz vieler multi- und interkultureller Ansätze kritisieren, die versuchen, disparate Kulturen zu homogenisieren (Castro Varela und Dhawan 2015, 247).

- Wie stattdessen ein offenes und hybrides Verständnis von Kultur im Geschichtsunterricht seinen Platz finden kann, zeigen die AutorInnen des Bandes ›Transkulturelle Geschichtsdidaktik‹ (Wagner-Kyora, Wilczek, und Huneke 2008).

Global- und verflechtungsgeschichtliche Perspektiven verändern also die Fragerichtung und verschieben den Blick auf die Vergangenheit. Der Abstraktionsgrad dieser theoretischen Überlegungen macht es jedoch nicht immer einfach, eine direkte Übersetzung in den Geschichtsunterricht vorzunehmen. Roland Wenzlhuemer wirft der Globalgeschichte vor, sich viel zu wenig konkret mit dem Charakter von Verflechtungen und Verbindungen auseinandergesetzt zu haben

„und zwar zu wenig genau, zu wenig analytisch differenziert." (Wenzlhuemer 2017, 21). Die Offenheit und Breite global- und verflechtungsgeschichtlicher Perspektiven ist für die Ausrichtung der eigenen Forschung interessant. Für die Etablierung globalgeschichtlicher Perspektiven im Geschichtsunterricht stellt dies jedoch eine Schwierigkeit dar. Es bedarf einer Konkretisierung, wie sich globale Verflechtungen fassen lassen, wie globale Beziehungen sich etwa von regionalen oder lokalen unterscheiden. Der Transfer dieser Diskussionen in die Unterrichtspraxis stellt deshalb eine nicht zu unterschätzende Herausforderung dar, welche eine Didaktik der Geschichte bei Weitem nicht alleine bewältigen kann.

5.3. Curriculum de-zentrieren

Das Eintreten von globalgeschichtlichen Zugängen in die Lehrplandiskussion führt schnell an die generelle Auswahlproblematik, mit der sich das Fach Geschichte auseinandersetzen muss. Jede geschichtswissenschaftliche Forschung ist durch ihren spezifischen Standpunkt geprägt, eine objektive Gesamtschau liegt im Bereich des Unmöglichen. Folgt man der Abwendung globalgeschichtlicher Ansätze von einem nationalstaatlichen Tunnelblick, stellt sich die Frage, welche Auswahlkriterien bei der Fülle an Inhalten, die sich durch die globalgeschichtliche Erweiterung ergibt, greifen kann. Die Kritik an einem traditionellen chronologischen Geschichtsunterricht, welcher „die" Geschichte auf einen westlich-europäischen Traditionszusammenhang von der griechischen Antike über die Römer zur „modernen Welt" reduziert und andere Geschichten damit marginalisiert, wirft die Frage nach Alternativen zu einer solchen Chronologie auf. Folgen wir dem poststrukturalistischen Postulat vom „Ende der großen Erzählungen" oder brauchen wir im Zeitalter der Globalisierung ein neues Masternarrativ? In seinem vielzitierten Werk ›Local Histories/Global Designs‹ plädiert der dekoloniale Theoretiker Walter Mignolo für ein *anderes Denken* abseits linearer westlicher Zeitvorstellungen. Ein Denken, das sich aus der räumlichen Konfrontation unterschiedlicher lokaler historischer Erzählungen ergibt und Machtstrukturen mitreflektiert (Mignolo 2000). In der Formulierung von Alternativen zu hegemonialen, kolonialen Diskursen plädiert er dafür, die Strukturen der Wissensproduktion zu verändern.

> "Macronarratives from the perspective of coloniality are precisely the places in which 'an other thinking' could be implemented, not in order to tell the truth over lies, but to think otherwise, to move towards 'an other logic' – in sum, to change the terms, not just the content of the conversation. Such narratives make it possible to think coloniality, and not only modernity, at large. The epistemological implementations are enormous." (Mignolo 2000, 69–70)

In diesem Sinne sollen die folgenden Praxisansätze nicht nur als eine inhaltliche Verschiebung, sondern vielmehr als eine grundlegende Verschiebung der Perspektive verstanden werden. Die vorgestellten Herangehensweisen sollen exemplarisch aufzeigen, wie eine solche Verschiebung aussehen kann. Im besten Fall können sie eine Diskussion anregen und über die konkreten Vorschläge hinausgehend einen Anstoß zum Umdenken geben. Mignolo wirft zudem die Idee auf, alternative Makronarrative zu schaffen, welche eine andere Logik der Wissensproduktion ermöglichen.

Im Folgenden soll diese, von Mignolo nicht konkretisierte, Idee der alternativen Makronarrative für den Geschichtsunterricht diskutiert werden. Dabei soll an die Überlegungen von Susanne Popp zu einer welt- und globalgeschichtlichen Perspektivierung im Rahmen der aktuellen Geschichtscurricula in der Bundesrepublik Deutschland angeknüpft werden. Der oben bereits vorgestellte Ansatz setzt an bekannten, obligatorischen Themen des Geschichtsunterrichts an und zielt darauf ab, aus einer *nationzentrierten* Binnenperspektive hinauszutreten. Die Auseinandersetzung mit außereuropäischer Geschichte wird in diesem Sinn nicht additiv hinzugenommen, sondern führt zu einem anderen Zugang zu Themen, die vorher nur aus der lokalen oder nationalen Binnenperspektive betrachtet wurden (Popp 2005, 502). Der Zugewinn dieser Herangehensweise liegt darin, den Lernenden immer wieder die Standortgebundenheit einer historischen

Erzählung deutlich zu machen, um einer Vorstellung von Geschichte als linearer Entwicklung entgegen zu wirken. Damit dies gelingt, sollte versucht werden, die Schülerinnen und Schüler aktiv in die Reflexion der aufgezeigten Raumbezüge einzubeziehen. Eine zentrale didaktische Funktion dieses Ansatzes ist eine „metakognitive Modellierung historischer Lernprozesse". Dazu erläutert Popp:

> „Der geschichtliche Kosmos, den das Schulfach Geschichte (und noch mehr der ‚Bereich' Geschichte in Fächerverbünden) den Schülern und Schülerinnen darbietet, gleicht, um ein Bild von Lyotard zu gebrauchen, einer Welt von Inseln, zwischen denen nur höchst selten eine Fähre verkehrt. Die metakognitive Funktion der welt- und globalgeschichtlichen Perspektiven besteht nun zum einen darin, Einzelthemen in einen gewissen übergreifenden Zusammenhang einzubinden, um zum anderen, im Unterricht auch die Grenzen des dargebotenen Wissens stärker als bisher auszuloten." (Popp 2005, 506)

Ein erster Schritt zu einer systematischen Etablierung einer globalgeschichtlichen Perspektivierung im Geschichtsunterrichts besteht laut Popp darin,

> „bestimmte historische Phase geschichtlicher Entwicklungen auf der Makroebene zu identifizieren und zu prüfen, ob und inwieweit diese überhaupt anschlussfähig sind und sich für die Konstruktion welt- und globalgeschichtlicher Perspektiven zu ‚einheimischen' Themen eignen." (Ebd., 503)

Um entsprechende historische Phasen auf der Makroebene ausfindig zu machen und dabei nicht in einer eurozentrischen Sichtweise stecken zu bleiben, wird im Folgenden auf die Diskussionen zum Routledge Handbook ›History and Society of the Americas‹ (2019) Bezug genommen. Das Handbuch stellt zentrale Schlüsselthemen mit Bezug auf gesellschaftliche und historische Entwicklungen der Amerikas vor, welche aus einer interamerikanischen Perspektive beleuchtet werden. In der Einleitung gehen die Herausgeber auf die konzeptionellen Debatten zum Aufbau des Bandes ein und versuchen sich selbst an einer historischen Kontextualisierung, welche die Einzelbeiträge miteinander verknüpfen soll. Dazu evaluieren sie unterschiedliche Herangehensweisen einer verflechtungsgeschichtlichen interamerikanischen Kontextualisierung.

Um sich von früheren ereignisgeschichtlichen Ansätzen abzusetzen und weil sie insbesondere prozesshafte und oft auch gegenläufige Dynamiken, Kontinuitäten und Brüche betonen möchten, scheint den AutorInnen ein Zeitstrahl mit chronologisch angeordneten Ereignissen zur Kontextualisierung nicht geeignet. Im Gegensatz dazu ist eine Kontextualisierung durch historische Konjunkturen aus einer globalgeschichtliche Perspektive passender, um unterschiedliche Entwicklungen einzubeziehen. Auf der anderen Seite besteht dabei die Falle, eine umfassende und kohärente Dynamik dieser Konjunkturen zu suggerieren. Also die Problematik einer Homogenisierung ganz diverser Tendenzen durch die Überbetonung des Gemeinsamen (Kaltmeier 2019, 6). Sie schlagen deswegen einen dritten Weg ein, welcher historischen Wandel und Bruchstellen der Geschichte betont. Diese konzeptionellen Überlegungen schließen an den deutschen Historiker Reinhart Koselleck an. Koselleck prägte den Begriff der *Sattelzeit* (anknüpfend an das Bild eines Bergsattels) zur Bezeichnung einer Epochenschwelle oder Übergangszeit zwischen Früher Neuzeit und Moderne. Die Zeit von etwa 1750 bis 1850 ist nach Koselleck von so tiefgreifenden politischen, sozialen und kulturellen Veränderungen geprägt, dass sich damit einhergehend Konzepte mit einer langen semantischen Tradition, die bis in die Antike zurückreicht, ihre Bedeutung dramatisch verändern. So kommt es nach der Französischen Revolution zu einem grundlegenden Wandel von Bedeutung. Diese Idee der Sattelzeit, die einen gesellschaftlichen Umbruch oder einen Wendepunkt markiert, nehmen die Autoren auf und entwickeln daraus eine konzeptionelle Herangehensweise an ihre eigene historische Kontextualisierung, welche sie ausgehend von den Amerikas denken. Sie nehmen konzeptionell diese Idee des Umbruchs von Koselleck, übertragen jedoch nicht Kosellecks Epocheneinteilung auf die Amerikas, sondern diskutieren die Wendepunkte aus einer interAmerikanischen Perspektive. Eine fundamentale

Wende auf einer Makroebene stellt für die Amerikas das Jahr 1492 dar. Dieser Moment markiert ein kulturelles Zusammentreffen Europas, Asiens und Afrikas in der westlichen Hemisphäre und stellt den Ausgangspunkt für die Entstehung eines kapitalistischen Weltsystems dar. In Folge werden unterschiedliche indigene Weltvorstellungen vernichtet oder grundlegend umgekrempelt (Kaltmeier 2019, 6).

Nach dieser tiefgreifenden Zäsur verlagern die AutorInnen ihre *Turning Points* jedoch auf eine Meso-Ebene historischer Konjunkturen, welche dichter hintereinander folgen. Die Dichte dieser Wendepunkte scheint ein Potenzial aufzuweisen, um einen Sinn für Wandel und Zeitlichkeit im Geschichtsunterricht zu schärfen. Betrachten wir die *Turning Points*, welche die AutorInnen definieren, fällt auf, dass diese sich an vielen Stellen, mit Wendepunkten überschneiden, die sich von Europa aus definieren lassen. Damit wird der verflochtene und relationale Charakter unterschiedlicher lokalhistorischer Entwicklungen deutlich. Des Weiteren lässt sich hervorheben, dass die *Turning Points* oft gar nicht durch ein spezifisches globales Ereignis geprägt sind, sondern sich an diesen Wendepunkten ganz unterschiedliche Dynamiken kristallisieren. In der folgenden Tabelle werden diese interAmerikanischen Wendepunkte aufgelistet, sowie schlagwortartig ein Ausblick auf unterschiedliche Entwicklungen gegeben, welche sich daran kristallisieren.[5]

Folgen wir Susanne Popps Ansatz der globalgeschichtlichen Perspektivierung, steht neben der Identifizierung historischer Phasen auf der Makroebene (hier wurden diesbezüglich historische Wendepunkte identifiziert), eine Identifizierung von Schlag- bzw. Stichwörtern zur Verknüpfung lokaler Perspektiven mit der Makroebene an (Popp 2005, 503). Bei der Identifizierung solcher Themen sollte auf eine gewisse Offenheit geachtet werden, um den nötigen Raum für andere Perspektiven und Zugänge zu lassen. Die obige Auflistung könnte einen Beitrag zu einer entsprechenden Diskussion leisten. Es

---

5   Diese exemplarische Auflistung bezieht sich auf die Einleitungen und historische Kontextualisierung des Routledge Handbook ›History and Society of the Americas‹ (2019).

bedarf jedoch sowohl anderer regionalwissenschaftlicher Perspektiven als auch einer grundlegenden Diskussion über den Charakter der Schlag- und Stichwörter eines globalgeschichtlich orientierten Geschichtsunterrichts. Wie lässt sich eine *nationzentrierte* und *eurozentrische* Perspektive überwinden? Welche Kategorien und Konzepte sind einer globalen Perspektive zuträglich? Zudem sollte diese Diskussion an die bestehenden Lehrplanthemen rückgebunden sein und die Frage gestellt werden, wie diese klassischen Themenfelder sich globalgeschichtlich betrachten lassen.[6]

interAmerican Turning Points	
1492	• Zusammentreffen Europas, Asiens und Afrikas in der westlichen Hemisphäre
1898	• Ende des Spanisch-Amerikanischen Krieges
1917	• Mexikanische Revolution • Eintreten der USA in den Ersten Weltkrieg (Zimmermann-Depesche) • Russische Revolution • Sozial-revolutionäre Bewegungen (z.B. erste Frauenbewegungen)
1948	• Etablierung einer bipolaren Weltordnung nach dem Zweiten Weltkrieg • Ende der *Good Neighbour Policy* und interventionistische US-Außenpolitik in Lateinamerika • Nationale Befreiungsbewegungen (Soziale Revolutionen in Bolivien 1952 & Kuba 1959)
1968-73	• Zunehmende Konfrontation sozial-revolutionärer und reaktionär-kapitalistischer politischer Kräfte • Weltweite soziale Bewegung (z.B. gegen US-Intervention in Vietnam) • Soziale Bewegungen in Lateinamerika werden durch Gewalt gestoppt (z.B. 68er-Bewegung in Mexiko/Massaker von Tlatelolco & Militärputsch in Chile 1973) • Neokonservativer Backlash
1989/90	• Erfindung des Internets • „Demokratisierungswelle" in Lateinamerika • Ende des Kalten Krieges

6   Die exemplarische Liste der interAmerican Turning Points bezieht sich auf die Einleitung zum Routledge Handbooks ›History and Society of the Americas‹ (2019).

5.4. Ein Blick aus Lateinamerika

Abschließend soll am Beispiel der Umbrüche um 1989/90 aufgezeigt werden, wie eine globalgeschichtliche Wendung eines bekannten Themenfelds des Geschichtsunterrichts konkret aussehen kann. Das Epochenjahr wird dazu von Lateinamerika aus betrachtet und dabei ein Fokus auf die politischen Entwicklungen in Chile gelegt.

1989 ist ein klassisches Thema im Schulunterricht. Dem Knotenpunkt 1989 ist eine globale Dynamik inhärent. Allerdings wird das Inhaltsfeld im Schulunterricht zumeist aus einer *nationzentrierten* Binnenperspektive betrachtet, wie sich am Beispiel des Lehrplans des Landes NRW für Geschichte (Sekundarstufe II Gymnasium & Gesamtschule) sehr deutlich aufzeigen lässt. Das Thema findet sich in diesem Lehrplan im Inhaltsfeld *„Nationalismus, Nationalstaat und deutsche Identität im 19. und 20. Jahrhundert"*. Der Lehrplan setzt als inhaltlichen Schwerpunkt *„die Überwindung der deutschen Teilung in der friedlichen Revolution von 1989"*. Die Einordnung des globalen Epochenjahres 1989 unter das Themenfeld Nationalstaat und deutsche Identität scheint geradezu ein Paradebeispiel für einen nationalen Tunnelblick zu sein. Durch diese Einordnung wird die globale Dimension der Umbrüche um 1989/90 abgekappt. Immerhin findet sich in den zu erwerbenden Sachkompetenzen ein Hinweis, der zu einer globalgeschichtlichen Einordnung anhält. So soll auf den internationalen Kontext eingegangen werden, in dem es zur friedlichen Revolution von 1989 und später zur deutschen Einheit kam.

Im Folgenden soll am Beispiel der Umbrüche um 1989/90 aufgezeigt werden, wie eine globalgeschichtliche Wendung eines Lehrplanthemas aussehen kann. Entstanden ist dieser Beitrag im Zuge der Tagung (2019) des Arbeitskreises ›Welt- und globalgeschichtliche Perspektiven‹ der Konferenz für Geschichtsdidaktik (KGD) mit dem Titel ›Die Umbrüche des Jahres 1989 globalgeschichtlich betrachtet-Perspektiven für den Geschichtsunterricht‹. Der Arbeitskreis verfolgt das Ziel, verstärkt globale Perspektiven im Geschichtsunterricht zu verankern.[7]

Der Call for Papers zur Tagung brachte mich zum Nachdenken und insbesondere stellte ich mir selbst so einige Fragen: Was heißt eigentlich Epochenjahr? Was macht ein solches Wendejahr aus? Wie wird ein Umbruch zu einer globalen Wende? Was macht eine solche Zäsur in „der" Geschichte aus? Von welcher Geschichte reden wir hier? Und welchen Bruch repräsentiert das Jahr 1989 denn nun eigentlich? Nicht nur Leute hier zu Lande haben gleich das Bild feiernder Menschen auf der Berliner Mauer im Kopf.

Das Ende des Ost-West-Konfliktes stellt einen Wendepunkt für die globalen Machtverhältnisse dar, für einige ist es ein Symbol für Freiheit und Demokratie. Was bedeutet es, wenn wir darüber sprechen ein solches Epochenjahr zu globalisieren? Worum geht es dann? Es ließe sich damit beginnen nachzuverfolgen, welche Auswirkungen dieses einschneidende Ereignis an anderen Orten der Welt hatte und es ließen sich Wechselwirkungen zu anderen Geschehnissen aufdecken. Dabei wird man unweigerlich auch auf andere Wahrnehmungen des Endes der Blockkonfrontation stoßen, andere Interpretationen von Geschichte. Doch bis wohin gehen wir, wenn es uns darum geht das Epochenjahr 1989 in einen globalen Kontext zu stellen? Und was passiert, wenn wir bei diesem Versuch auf Dinge stoßen, die nicht in unser Suchraster passen. Wie anders darf die andere Perspektive sein, damit sie noch zu unserem Anliegen passt? Und hat der gewählte Knotenpunkt überhaupt das Potenzial einen horizontalen Dialog zu ermöglichen. Oder ist dieser viel zu eng gefasst oder zu stark mit dem Ende des Kalten Krieges besetzt und lässt es gar nicht zu, auch andere Dynamiken in den Blick zu nehmen? Und

---

7 Bericht von Wolfgang E. J. Weber zur Tagung des KGD-Arbeitskreis *Welt- und globalgeschichtliche Perspektiven im* Geschichtsunterricht (2019) ›Die Umbrüche des Jahres 1989 globalgeschichtlich betrachtet – Perspektiven für den Geschichtsunterricht‹, Universität Augsburg, URL: https://www.philhist.uni-augsburg.de/lehrstuehle/geschichte/didaktik/intern/downloads_intern/ak_weltgeschichte_tagungsbericht-2019.pdf.

ist 1989 von Lateinamerika aus betrachtet überhaupt ein Wendepunkt?

1989 als einen Knotenpunkt eines globalgeschichtlich orientierten Geschichtsunterrichts aufzufassen, der eine Erweiterung des Blicks und einen Ausweg aus dem nationalen Tunnelblick erlaubt, scheint mir ein vielversprechender Ansatzpunkt. Historische Verflechtungen denken zu lernen ist eine noch unerfüllte, jedoch fundamentale Aufgabe des Geschichtsunterrichts. Damit einher geht die Auseinandersetzung mit Multiperspektivität in einer verflochtenen und von globalen Asymmetrien gezeichneten Welt.

›Ein Blick aus Lateinamerika‹ heißt es im Titel meines Vortrags. Gemeint ist damit eine Standortverschiebung, eine De-Zentralisierung. Ich möchte mich in meinem Beitrag darauf konzentrieren, die Umbrüche um das Jahr 1989 von einem anderen Standort Revue passieren zu lassen und eine gewisse Offenheit zu entwickeln, die es auch zulässt andere Dynamiken und Umbrüche der Schwelle zwischen 1989 und 1990 in den Blick zu nehmen. Was passiert, wenn wir versuchen 1989 von Lateinamerika aus zu betrachten?

Der Historiker David Campbell hat mal geschrieben, der Kalte Krieg "needs to be understood as a disciplinary strategy that was global in scope but national in design" (Campbell 1998, 153). Diese Aussage lässt sich auf das Ende des Kalten Krieges ausweiten. Die globale Dimension dieses geopolitischen Umbruchs vermischt sich mit bestimmten lokalen Auseinandersetzungen. Diese räumliche Verflochtenheit zu begreifen und dabei lokale Perspektiven nicht unterzuordnen, sondern als konstitutiv für die globale Dimension zu fassen, soll in der folgenden Skizze versucht werden. Meine theoretischen Überlegungen möchte ich dabei an der konzeptionellen Planung einer Unterrichtseinheit für den Geschichtsunterricht konkretisieren.

Dazu wird Bezug auf die oben bereits vorgestellte Kontextualisierung des Routledge Handbook ›History and Society of the Americas‹ (2019) genommen. Mit Blick auf die interAmerikanische Orientierung des vorliegenden Essays scheint dies als Orientierung sinnvoll. Es wird hier weniger versucht, einen allumfassenden Beitrag zu schaffen, vielmehr soll die eigene Expertise aus den Regionalstudien Lateinamerika in die Diskussion eingebracht werden. Wie unterschiedlich und vielseitig Zugänge zu dem Oberthema 1989 sein können, hat die Tagung des Arbeitskreises der Konferenz für Geschichtsdidaktik deutlich gemacht.

Die Umbrüche um 1989/90 lassen sich, von den Amerikas aus betrachtet, durch unterschiedliche Entwicklungen als einen globalen Wendepunkt definieren. Ein tiefgreifender Einschnitt ergab sich durch die Entwicklungen im Bereich der Informationstechnologie. Konkret die Erfindung des Internets im Jahr 1989 sowie die Entwicklungen im Bereich der Biotechnologie (hier insbesondere zentral das Feld der Gentechnik), welche zu immensen Veränderungen und Konflikten in der Landwirtschaft führten. Diese technologischen Innovationen fallen zusammen mit dem Ende des sozialistischen Blocks als Alternative zum kapitalistischen System, was zur Verschiebung der globalen Machtverhältnisse führte (Kaltmeier, Stewart Foley, und Rufer 2019, 216–17). Im Kontext dieser globalen Krise des Sozialismus, hatten sozialistische Regierungen in Lateinamerika mit ihren eigenen Problemen zu kämpfen: Die Sandinisten in Nicaragua, ein Modellland für eine nicht-sowjetorientierte Linke, verloren die Wahlen im Jahr 1990 gegen die Konservative Violeta Chamorro, die ein antisandinistisches und durch die USA unterstütztes Parteibündnis repräsentierte. Kuba, das Land mit den engsten Beziehungen zur Sowjetunion, stand am Rande eines wirtschaftlichen Zusammenbruchs. Es macht Sinn, auch diese Entwicklungen in einen größeren Kontext einzuordnen und natürlich werden sich auch hier Interaktionen und Interdependenzen feststellen lassen. Nehmen wir das Beispiel Kuba. 1989 wickelte Kuba noch 85 % des Außenhandels über die sozialistischen Ostblockstaaten ab. Es liegt auf der Hand, dass die Umbrüche in Osteuropa sich auf die wirtschaftliche Entwicklung des Landes auswirkten.

Neben solchen Hard Facts stellten die Umbrüche in Osteuropa auch auf einer diskursiven Ebene einen tiefen Einschnitt dar. So warf das Ende des Sowjetsystems die Frage nach einem Ende des Sozialismus als Utopie in den Raum. Und löste auch bei vielen lateinamerikanischen Intellektuellen ein Nachdenken darüber aus.

Im Weiteren soll eine dritte Entwicklung fokussiert werden, die ein regionale Eigenentwicklung darstellte. Mit Blick auf Lateinamerika repräsentiert 1989/90 eben auch eine Wendezeit hin zu einer neuen Welle der Demokratisierung (Kaltmeier, Stewart Foley, und Rufer 2019, 217). Gemeint ist damit zumeist ein Übergang von autokratischen Regimen hin zu Demokratien mit freien Wahlen.

Ein Paradebespiel für diese Demokratisierung stellt das Ende der Pinochet-Diktatur in Chile dar. Auf dieses Fallbeispiel werde ich im Folgenden noch genauer eingehen. Nach einem Referendum über den Fortbestand der Diktatur und daraufhin stattfindenden freie Wahlen trat im Jahr 1990 der Christdemokrat Patricio Aylwin das Amt des Präsidenten an.

Schon zuvor waren die Diktaturen in Argentinien (1983) und in Uruguay (1985) zu Ende gegangen. In Brasilien endete im Jahr 1985 eine mehr als zwanzig Jahre andauernde Militärdiktatur. 1993 wurde die Diktatur Alfredo Stroessners in Paraguay beendet. Während in Zentralamerika bereits seit Mitte der Achtziger Jahre sukzessive freie Wahlen realisiert wurden. Im Kontext des Kalten Krieges und durch die Einmischung der USA, welche oligarchische Regime in der Region gestützt hatten, war es zuvor in El Salvador, Honduras, Guatemala und Nicaragua in den Sechzigern zu gewaltvollen Auseinandersetzungen und Bürgerkriegen gekommen (Thiery 2007).

Um diese Demokratisierungswelle in Lateinamerika zu beschreiben, wird auch von einem Dominoeffekt gesprochen. Den Rahmen dieser regionalen Konjunktur bildet ein Umschwenken der USA, welche in der Hochphase des Kalten Krieges noch die Militärdiktaturen in der Region unterstützt hatten. Dennoch sind insbesondere Eigendynamiken der jeweiligen Gesellschaften ausschlaggebend für diese Prozesse (Ebd.). Um diese erfassen zu können, müssen wir aber das Makrolevel verlassen, auf dem ich bisher argumentiert habe. Exemplarisch möchte ich auf den Fall Chiles eingehen. Begleitet wird diese Ausführung zu den Umbrüchen in Chile um 1989/90 von

Quellenmaterial, das mir interessant für eine Unterrichtseinheit erscheint.

Im Jahr 1973 putschte das Militär gegen die sozialistische Regierung Salvador Allendes. Die Bombardierung des Präsidentschaftspalastes steht stellvertretend für einen radikalen Bruch in der Geschichte des Landes. Die letzte Radioansprache Salvador Allendes kurz vor der Bombardierung stellt eine Momentaufnahme dieses historischen Bruchs dar. In der geschichtskulturellen Aufarbeitung dieser Vergangenheit und der Erinnerung an den Terror der Militärdiktatur stellt diese Quelle ein zentrales Dokument dar. Tausende Sozialisten, Kommunisten oder politisch irgendwie Andersdenkende wurden in der Folgezeit ermordet, „verschwinden gelassen" oder mussten ins Exil fliehen. Viele von ihnen lebten danach oder leben auch heute noch hier in Deutschland. Der Terror der ersten Jahre wurde in der Folgezeit von einem Prozess der Institutionalisierung der Militärherrschaft abgelöst. In der Junta setzten sich die Akteure durch, die eine radikale Liberalisierung der Wirtschaft forderten. Der US-amerikanische Wirtschaftswissenschaftler Milton Friedman und die sogenannten Chicago Boys (in den USA ausgebildete chilenische Wirtschaftswissenschaftler) berieten die Militärs in dieser Zeit. Die Verfassung von 1980, die bis heute in großen Teilen Gültigkeit besitzt, besiegelte verfassungsrechtlich den politischen und wirtschaftlichen Weg der Militärjunta. Heutige Konflikte um die Privatisierung von Bildung, Renten- und Krankenversicherung oder umweltpolitische Konflikte um das Recht auf Wasser sind eine Folge dieser Vergangenheit und werden noch heute durch verfassungsrechtlichen Grundsätzen abgesichert, die aus der Militärdiktatur stammen. Die Pinochet-Diktatur hatte im Vergleich zu anderen Diktaturen in Lateinamerika eine bemerkenswerte Institutionalisierung erreicht und wurde von rund einem Drittel der Bevölkerung befürwortet. Diese Umstände führten dazu, dass das Regime den Übergang zur Demokratie lenken und die Konditionen bestimmen konnte (Thiery 2007). Somit zeichnete sich das Ende der Diktatur in Chile insbesondere durch die freiwillige Machtübergabe der autoritären Eliten aus. Die Militärherrschaft war unter dem internationalen Druck immer schwerer zu legitimieren und seit Beginn der 1980er Jahre kam es zu massiven Protesten der Opposition. So wählte das Regime die Möglichkeit, durch ein Referendum die eigene Herrschaft bestätigen zu lassen. 1988 wurde der Bevölkerung in einem Referendum die Entscheidung über die Abwahl oder den Fortbestand der Militärregierung gegeben. Das Oppositionsbündnis, das eine große Kampagne mit dem Slogan „NO!" gegen die Militärregierung startete, gewann das Referendum knapp (Junge 2014, 130). Im Anschluss wurden Gründungswahlen zugelassen, bei denen das Oppositionsbündnis aus Mitte-links Parteien, welches sich den Namen Concertación por la Democracia gab, wiederum die Mehrheit der Stimmen erzielte (Moulian 1997, 216–18). So trat der Christdemokrat Patricio Aylwin im Jahr 1990 das Amt des Präsidenten an.

Auch wenn der Plan A sicherlich gewesen wäre, dieses Referendum selbst zu gewinnen, bedeutete eine Niederlage nicht, dass die konservativen Eliten, welche die Militärdiktatur anführten, ihre Machtbereiche verloren. Durch gesetzliche Vorgaben oder konstitutionelle Mechanismen (auch als *autoritäre Enklaven* bezeichnet) hatten sie ihre Macht vorausdenkend abgesichert (Junge 2014, 130). Der chilenische Soziologe Thomas Moulian nennt dies in seinem 1997 erschienenen Werk ›Chile actual. Anatomía de un mito‹ eine Strategie des *transformismo*. Darin beschreibt er den Regimewechsel als einen Prozess, der bereits während der Militärdiktatur eingeleitet wurde und auch in der postdiktatorialen Ordnung den Fortbestand der Macht der autoritären und rechts-konservativen Eliten garantieren sollte (Moulian 1997, 145). Indem die Militärregierung die Opposition dazu zwang, die Verfassung von 1980 anzuerkennen, wurde der Weg in die Postdiktatur vorgegeben und ein politisches System eingerichtet, das die Kontinuität des neoliberalen sozio-ökonomischen Modells sicherte (Ebd., 147). Der *Concertación*, die zwanzig Jahre die Regierung stellte, gelang es zwar einzelne autoritäre Enklaven abzuschaffen. Jedoch änderte dies nichts an einer Kontinuität des neoliberalen Modells — insbesondere durch den Einfluss privatwirtschaftlicher und politische Akteure, die eine Unumkehrbarkeit dieses wirtschaftspolitischen Weges propagierten (Junge 2014, 132–33).

Durch diese strukturellen Kontinuitäten wird die Transition von vielen Menschen gar nicht als Demokratisierungsprozess wahrgenommen. So ist das Gefühl verbreitet, immer noch grundlegender sozialer Rechte beraubt worden zu sein. Daneben steht die nur schleppend stattfindende und in Teilen bis heute nicht abgeschlossene Aufarbeitung von Menschenrechtsverbrechen der Diktatur. Die jüngsten sozialen Bewegungen in Chile, die massiven Proteste von Studierenden und eine enorme soziale Bewegung für eine Reform des Rentensystems stehen stellvertretend für dieses Unbehagen. Eine Quelle, die diese Stimmung recht gut aufzeigt, ist ein Interview mit Valentina Saavedra. Sie war im Jahr 2015 Sprecherin der Nationalen Konföderation chilenischer Studierender. Sie erklärte in dem Interview, wie es zu den massiven Studierendenprotesten im Jahr 2011 kommen konnte, die größten Proteste seit dem Ende der Diktatur. Hier ein Ausschnitt:

> „[...] zwanzig Jahre lang konnte man dieses Land mit dem Versprechen sozialer Mobilität, der Freude, der Demokratie regieren und seit den 2010er Jahren fängt man an zu verstehen, dass diese Versprechen nicht erfüllt wurden, dass es keine Demokratie gibt, kein Recht, und ganz bestimmt keine Freude in der Gesellschaft." (Valentina Saavedra, here quoted after Schwabe 2017, 45)[8]

Während Valentina und viele andere junge Menschen in Chile auf die Konsequenzen der durch die Diktatur ermöglichten radikalen und tiefgreifenden Liberalisierung der Wirtschaft aufmerksam machen, ist für andere diese wirtschaftliche Umstrukturierung ein Vorbild. Bedingt durch die neue geopolitische Situation nach dem Ende des

---

8   "[...] durante veinte años se pudo gobernar, mantener la gobernabilidad, bajo una promesa, que era la promesa de la movili-dad social, la alegría, la democracia, y que ya en la década del 2010 hacía adelante uno empieza a comprender que esas promesas no se están cumpliendo, que no hay democracia, no hay derecho, y claramente no hay alegría social."

Kalten Krieges, mit den USA als führender Weltmacht, folgten weitere Länder diesem wirtschaftlichen Weg. Die Liberalisierung der Wirtschaft und Freihandelsabkommen markierten die Zeit nach 1989. Interessant scheint hier hervorzuheben, dass Chile auch für liberale Ökonomen in den ehemals sozialistischen Ländern einen Orientierungspunkt darstellte. In ihren Augen war Chile ein Beispiel dafür, wie ein ökonomisch und politisch katastrophal aufgestelltes Land es zu wirtschaftlichem Aufschwung und zu einer hervorragenden makroökonomischen Bilanz bringen kann. Dabei scheint eine autoritäre Herrschaft als Grundlage einer erfolgreichen Volkswirtschaft gar nicht als Widerspruch empfunden worden zu sein, wie die folgende Quelle, eine kurze Meldung mit dem Titel ›Pinochet als Vorbild‹ in der Zeitung *Neues Deutschland* aus dem Jahr 1993 zeigt. Darin wird Wladimir Putin zitiert, der damalige zweite Bürgermeister von St. Petersburg und heutige Präsident Russlands. Der Autor des Artikels empörte sich über dessen Haltung:

> „Dabei unterschied Putin zwischen ‚notwendiger' und ‚krimineller' Gewalt. Kriminell sei politische Gewalt, wenn sie auf die Beseitigung marktwirtschaftlicher Verhältnisse abziele, ‚notwendig', wenn sie private Kapitalinvestitionen befördere oder schütze. Er, Putin, billige angesichts des schwierigen privatwirtschaftlichen Weges eventuelle Vorbereitungen Jelzins und des Militärs zur Herbeiführung einer Diktatur nach Pinochet-Vorbild ausdrücklich. Putins Ausführungen wurden sowohl von den deutschen Firmenvertretern als auch von dem anwesenden stellvertretenden deutschen Generalkonsul mit freundlichem Beifall aufgenommen." (Neues Deutschand 1993)

Eine Quelle die - wie wenige andere - globale Verflechtungen greifbar werden lässt. Nicht nur in Chile, sondern auch in vielen anderen lateinamerikanischen Ländern war der formale Übergang zur Demokratie für viele gesellschaftliche Akteure nicht zufriedenstellend. In den frühen 90er Jahren zeigte sich dies ganz deutlich an der Entstehung neuer sozialer Proteste. Diese reagierten auf die Konsolidierung weltumspannender neoliberaler Freihandelsregime. Neben dem Erstarken einer Anti-Globalisierungsbewegung und auch der verstärkten Wahrnehmung umweltpolitischer Themen kam es in Lateinamerika mit dem 500jährigen Jubiläum des Jahres 1492 zu einer neuen Welle indigener Proteste, was in zahlreichen Ländern (wie Kolumbien, Peru, Bolivien oder Ekuador) zu Verfassungsänderungen führte. Neue Akteure traten in die politische Arena und fordern die bestehenden politischen Systeme heraus. Die Proteste machten nicht nur darauf aufmerksam, dass nicht längst für alle Bevölkerungsgruppen eine demokratische Teilhabe gegeben ist, sondern hinterfragten auch die Grundfesten der bestehenden demokratischen Systeme und stellten sie auf eine Bestandsprobe.

Diese Proteste sollten mitgedacht werden, wenn es um eine Demokratisierungswelle in Lateinamerika geht, die um 1989 einsetzte. Mitdenken in einem offenen Ansatz, der es zulässt auch andere Dynamiken in den Blick zu bekommen, Dynamiken nach denen wir vielleicht gar nicht gesucht haben, über deren Existenz wir uns vielleicht noch nicht einmal im Klaren waren. Das meint ein horizontaler Dialog und Reziprozität. Voraussetzung ist die Bereitschaft, die beschränkte eigene Perspektive bzw. das *Eigene* zu verändern.

Die eingangs gestellte Frage möchte ich vor diesem Hintergrund also nochmal unterstreichen: Was meinen wir eigentlich, wenn wir von 1989 als einem globalen Knotenpunkt sprechen? Dabei gilt es immer zu reflektieren, ob ein solcher Knotenpunkt überhaupt die vereinende Funktion aufweist, einen Punkt des Dialogs darzustellen.

6. Schlussbetrachtungen

Der vorliegende Text hat aufgezeigt, wie die Forderung einer *De-Zentrierung* des historischen Lernens theoretisch begründet ist. Gleichzeitig wurden praktische Anknüpfungspunkte für den Geschichtsunterricht vorgestellt. Das Projekt einer *De-Zentrierung* des Historischen Lernens ist damit jedoch noch lange nicht umgesetzt und die Idee ist bei Weitem nicht zu Ende gedacht. Vielmehr bedarf es der Fortsetzung eines Dialogs über die Möglichkeiten einer globalgeschichtlichen Perspektivierung des Geschichtsunterrichts. Die Expertise aus den Regionalwissenschaften stellt dazu einen wichtigen Bestandteil dar. Doch bedarf es auch von Seiten der Geschichtsdidaktik einer weitergehenden Selbstreflexion der eigenen Disziplin. Viel zu wenig wurde bisher über Raumbezüge bzw. Weltentwürfe der Geschichtsdidaktik nachgedacht. Dabei gibt es im geschichtsdidaktischen Diskurs in der Vergangenheit durchaus Momente, in denen die nationale Zentrierung hinterfragt wurde. Auch gab es in der Vergangenheit in der Geschichtsdidaktik immer wieder Auseinandersetzungen mit europäischen und außereuropäischen Räumen und Gesellschaften. Diese Perspektiven auf die Welt wie auch die Weltentwürfe von GeschichtsdidaktikerInnen verändern sich im Wandel der Zeit und stehen in einem wechselseitigen Verhältnis zu geo- und gesellschaftspolitischen Diskursen. Eine Auseinandersetzung mit Weltentwürfen der Vergangenheit könnte eine Orientierung für Handeln in der Gegenwart bilden, auch weil die Auseinandersetzung mit diesen heute meist fremden historischen Perspektiven eine tiefergehende Betrachtung des Gegenstands zulässt. Gleichzeitig bietet die Frage nach der Genese der Gegenwart eine Möglichkeit gesellschaftlicher Selbstreflexion. Denn, dass etwas in Vergessenheit geraten ist, bedeutet nicht, dass es nicht mehr existent ist. Vielmehr liegt der Wissensproduktion ein (oft nur implizit sichtbares und zumeist unbewusstes) Verständnis der Welt zu Grunde. Entsprechende Vorannahmen prägen unsere Wahrnehmung der Vergangenheit und was wir von ihr erzählen. Pierre Bourdieu bemerkt in seinen Überlegungen zu einer Soziologie der Soziologen in seinem Werk ›Algerische Skizzen‹:

> „Das Unbewußte, das ist das Vergessen der Geschichte. Das Unbewußte eines Fachs, das ist, wie ich meine, dessen Geschichte; das Unbewußte, das sind die verborgen gehaltenen, vergessenen sozialen Bedingungen der Produktion: Das von seinen sozialen Produktionsbedingungen abgetrennte Produkt erfährt einen Bedeutungswandel und übt einen ideologischen Effekt aus." (Bourdieu 2010, 445)

In diesem Sinne ist im Kontext aufsteigender rechter Ideologien eine Soziologie unserer selbst als GeschichtsdidaktikerInnen wie auch eine Auseinandersetzung mit Weltbildern und Identitätsbezügen im Geschichtsunterricht mehr als überfällig. Hier könnte ein Fundament für die tiefergehende *De-Zentrierung* des Geschichtsunterrichts liegen.

Literaturverzeichnis

Abelein, Werner (Hg.). 2010. Globale Perspektiven im Geschichtsunterricht: Texte und Quellen in Auswahl. Tempora - Quellen zur Geschichte und Politik. Stuttgart: Klett.

Allende, Salvador. 1973. *"Último discurso de Salvador Allende Gossens, transmitido por Radio Magallanes desde el Palacio de La Moneda durante el golpe de Estado del 11 de septiembre de 1973."* In *Wikisource*. https://es.wikisource.org/wiki/%C3%9Al-   tima_alocuci%C3%B3n_de_ Salvador_Allende.

Asbrand, Barbara, und Anette Scheunpflug. 2014. „Globales Lernen". In *Handbuch politische Bildung*, 4. komplett überarb. Aufl. Politik und Bildung 69. Schwalbach/Ts: Wochenschau-Verlag.

Barricelli, Michele, Lars Deile, Olaf Kaltmeier, Jochen Kemner, Susanne Popp, und Jörg van Norden. 2018. *Globalgeschichtliche Perspektiven und Globales Lernen im Geschichtsunterricht. Konzeptionelle Überlegungen zur Unterrichtsmaterialienreihe ›Wissen um globale Verflechtungen‹.* kipu-Verlag. Bielefeld: kipu-Verlag. https://www.uni-bielefeld.de/cias/unterrichtsmaterialien/pdfs/Dossier_Globalgeschichte.pdf.

Barricelli, Michele. 2016. „Narrationen für den Raum. Geschichtsbewusstsein als Hinsicht geographischen Handelns - eine Chance für fächerverbindendes Lernen". In *Geschichte im interdisziplinären Diskurs: Grenzziehungen - Grenzüberschreitungen - Grenzverschiebungen*, Michael Sauer, Charlotte Bühl-Gramer, Anke John, Astrid Schwabe, Alfons Kenkmann, und Christian Kuchler (Hg.), 173–90. Beihefte zur Zeitschrift für Geschichtsdidaktik, Band 12. Göttingen: V&R Unipress.

Bauck, Sönke, und Thomas Maier. 2015. „Entangled History". In *InterAmerican Wiki: Terms - Concepts - Critical Perspectives*. www.uni-bielefeld.de/cias/wiki/e_Entangled_History.html.

Bauman, Zygmunt. 2016. *Die Angst vor den anderen: Ein Essay über Migration und Panikmache.* Übersetzt von Michael Bischoff. Berlin: Suhrkamp.

Beck, Ulrich. 1989. *Was ist Globalisierung? Irrtümer des Globalismus - Antworten auf Globalisierung.* 1. Aufl. Suhrkamp-Taschenbuch 3867. Frankfurt a.M.: Suhrkamp.

Beckert, Sven. 2015. *King Cotton: eine Geschichte des globalen Kapitalismus.* Übersetzt von Annabel Zettel und Martin Richter. 2. Aufl. München: C.H.Beck.

Benke, Karlheinz. 2005. Geographie(n) der Kinder: Von Räumen und Grenzen in der Postmoderne. Forum Sozialwissenschaften 2. München: m press.

Belina, Bernd, und Boris Michel (Hg.). 2007. „Raumproduktionen. Zu diesem Band" In *Raumproduktionen: Beiträge der Radical Geography. Eine Zwischenbilanz.* 7-35. Münster: Westfälisches Dampfboot.

BMU (Hg.). 2018. *Zukunft? Jugend fragen! Nachhaltigkeit, Politik, Engagement – eine Studie zu Einstellungen und Alltag junger Menschen.* Berlin: Lokay, Reinheim. https://www.bmu.de/fileadmin/Daten_BMU/Pools/Bro schueren/jugendstudie_bf.pdf.

Borries, Bodo von. 2008. *Historisch denken lernen - Welterschließung statt Epochenüberblick: Geschichte als Unterrichtsfach und Bildungsaufgabe.* Studien zur Bildungsgangforschung 21. Opladen: Budrich.

Bourdieu, Pierre. 2010. *Algerische Skizzen.* Übersetzt von Tassadit Yacine-Titouh, Andreas Pfeuffer, Achim Russer, und Bernd Schwibs. 1. Aufl. Berlin: Suhrkamp Verlag.

Calmbach, Marc, Silke Borgstedt, Inga Borchard, Peter Martin Thomas, und Berthold Bodo Flaig. 2016. *Wie ticken Jugendliche 2016? Lebenswelten von Jugendlichen im Alter von 14 bis 17 Jahren in Deutschland.* SINUS Markt- und Sozialforschung GmbH (Hg.). Wiesbaden: Springer.

Campbell, D. 1998. *Writing Security: United States Foreign Policy and the Politics of Identity.* U of Minnesota Press.

Castro Varela, María do Mar, und Nikita Dhawan. 2015. *Postkoloniale Theorie: eine kritische Einführung.* 2. komplett überarb. Aufl. Cultural studies Intro, Band 36. Bielefeld: transcript.

——— und Alisha M.B. Heinemann. 2017. „‚Eine Ziege für Afrika!' Globales Lernen unter postkolonialer Perspektive". In *Mit Bildung die Welt verändern? globales Lernen für eine nachhaltige Entwicklung,* Oliver Emde, Uwe Jakubczyk, Bernd Kappes, und Bernd Overwien (Hg.), 38-54. Schriftenreihe „Ökologie und Erziehungswissenschaft" der Kommission Bildung für eine nachhaltige Entwicklung der Deutschen Gesellschaft für Erziehungswissenschaft (DGfE). Opladen Berlin Toronto: Verlag Barbara Budrich.

Chakrabarty, Dipesh. 2010. *Europa als Provinz: Perspektiven postkolonialer Geschichtsschreibung.* Übersetzt von Robin Cackett. Theorie und Gesellschaft, Bd. 72. Frankfurt a.M./New York: Campus Verlag.

Conrad, Sebastian. 2013. *Globalgeschichte: Eine Einführung.* Beck'sche Reihe 6079. München: C.H. Beck.

Conrad, Sebastian, und Shalini Randeria. 2013. „Einleitung: Geteilte Geschichten – Europa in der postkolonialen Welt". In *Jenseits des Eurozentrismus Postkoloniale Perspektiven in den Geschichts- und Kulturwissenschaften*, Sebastian Conrad, Shalini Randeria, und Regina Römhild (Hg.), 2. erw. Aufl., 32–72. Frankfurt a.M./ New York: Campus Verlag.

Döring, Jörg, und Tristan Thielmann (Hg.). 2009. „Einleitung: Was lesen wir im Raum? Der Spatial Turn und das geheime Wissen der Geographen". In *Spatial Turn: das Raumparadigma in den Kultur- und Sozialwissenschaften*, 2. unveränd. Aufl., 7–45. Sozialtheorie. Bielefeld: Transcript.

Fenske, Uta, Daniel Groth, Klaus-Michael Guse, und Bärbel Kuhn (Hg.) 2015. *Kolonialismus und dekolonisation in nationalen Geschichtskulturen und Erinnerungspolitiken in Europa. Module für den Geschichtsunterricht.* Frankfurt a.M.: Lang.

Frey, Barbara. 2019. *Respekt, Ehre, Verdienst? Die Upmanns - Geschichte eines globalen Familienunternehmens. Unterrichtsbausteine für den Geschichtsunterricht in der Sekundarstufe I,* Unterrichtsmaterialienreihe „Wissen um globale Verflechtungen". kipu-Verlag.

Gärtner, Teresa. 2012. „Lesen lernen: Über die Bedeutung historiografischer Medien für eine kritische Geschichtsschreibung jenseits von Texten". *WerkstattGeschichte* 61 (Geschichte und Kritik): 28–36.

Grewe, Bernd-Stefan. 2016. „Entgrenzte Räume und die Verortung des Globalen. Probleme und Potenziale für das historische Lernen". In *Geschichte im interdisziplinären Diskurs: Grenzziehungen - Grenzüberschreitungen - Grenzverschiebungen*, Michael Sauer, Charlotte Bühl-Gramer, Anke John, Astrid Schwabe, Alfons Kenkmann, und Christian Kuchler (Hg.), 297–320. Beihefte zur Zeitschrift für Geschichtsdidaktik, Band 12. Göttingen: V & R Unipress.

Hall, Stuart. 2017. Rassismus und kulturelle Identität. 7. Aufl. Ausgewählte Schriften. Hamburg: Argument Verlag.

Junge, Barbara. 2014. *Regulierung durch Evaluation in der Hochschulbildung: zur Übersetzung internationaler Qualitätsstandards in Chile und Südafrika.* 1. Aufl. Studien zu Lateinamerika 26. Baden-Baden: Nomos.

Kaltmeier, Olaf. 2012. *Politische Räume jenseits von Staat und Nation. Das Politische als Kommunikation*, Band 7. Göttingen: Wallstein Verlag.

———. 2014. „Inter-American Perspectives for the Rethinking of Area Studies". *Forum for Inter-American Research* 7 (3): 171–82.

———. 2019. „General introduction to the Routledge Handbook to the History and Society of the Americas". In *The Routledge Handbook to the History and Society of the Americas*, Olaf Kaltmeier, Josef Raab, Michael Stewart Foley, Alice Nash, Stefan Rinke, und Mario Rufer (Hg.), 1–12. Abingdon, Oxon; N.Y., NY: Routledge.

——— und Sarah Corona Berkin (Hg.). 2012. *Methoden dekolonialisieren: eine Werkzeugkiste zur Demokratisierung der Sozial- und Kulturwissenschaften*. 1. Aufl. Münster: Westfälisches Dampfboot.

——— und Nicole Schwabe (Hg.). 2017. *¿Cachai Chile? Sociedad. Memoria. Conflictos actuales: Unterrichtsbausteine für den Spanischunterricht*. Unterrichtsmaterialienreihe „Wissen um globale Verflechtungen". kipu-Verlag.

———, Michael Stewart Foley, und Mario Rufer. 2019. „Part II: Introduction: History and Society in the Americas in the 20th and 21st centuries: Inter-American Thresholds and Critical Key Concepts". In *The Routledge Handbook to the History and Society of the Americas*, Olaf Kaltmeier, Josef Raab, Michael Stewart Foley, Alice Nash, Stefan Rinke, und Mario Rufer (Hg.). Abingdon, Oxon; N.Y., NY: Routledge.

KMK, BMZ, und EG (Hg.). 2016. *Orientierungsrahmen für den Lernbereich Globale Ent- wicklung im Rahmen einer Bildung für nachhaltige Entwicklung*. 2. akt. Aufl. www.kmk.org/ leadmin/Dateien/veroe entli- chungen_beschluesse/2015/2015_06_00-Orientierungsrah-   men-Globale-Entwicklung.pdf. Cornelsen.

Koselleck, Reinhart. 2013. *Zeitschichten: Studien zur Historik*. 3. Aufl. Suhrkamp Taschenbuch Wissenschaft 1656. Frankfurt a.M.: Suhrkamp.

Lefebvre, Henri. 2000. *La production de l'espace*. 4. Aufl. Ethnosociologie. Paris: Éd. Anthropos.

Lessenich, Stephan. 2016. *Neben uns die Sintflut: die Externalisierungsgesellschaft und ihr Preis*. München: Hanser Verlag.

Lossau, Julia. 2012. „Spatial Turn". In *Handbuch Stadtsoziologie*, Frank Eckardt (Hg.), 185–98. Wiesbaden: Springer VS.

Middell, Matthias. 2009. „Der Spatial Turn und das Interesse an der Globalisierung in der Geschichtswissenschaft". In *Spatial Turn: das Raumparadigma in den Kultur- und Sozialwissenschaften*, Jörg Döring und Tristan Thielmann (Hg), 2. unveränd. Aufl., 103–23. Sozialtheorie. Bielefeld: Transcript.

Mies, Maria. 2015. *Patriarchat und Kapital*. Komplett überarb. Aufl. München: bge-verlag.

Mignolo, Walter. 2000. *Local Histories/Global Designs: Coloniality, Subaltern Knowledges, and Border Thinking*. Princeton, N.J: Princeton University Press.

———. 2012. *Epistemischer Ungehorsam: Rhetorik der Moderne, Logik der Kolonialität und Grammatik der Dekolonialität*. Jens Kastner und Tom Waibel (Hg.). Es kommt darauf an, Band 12. Wien Berlin: Verlag Turia + Kant.

Ministerium für Schule und Weiterbildung NRW (Hg.). 2014. „*Kernlehrplan für die Sek II Gymnasium/Gesamtschule in Nordrhein-Westfalen. Geschichte*". https://www.schulentwicklung.nrw.de/lehrplaene/upload/klp_SII/ge/KLP_GOSt_Geschichte.pdf.

Moulian, Tomás. 1997. *Chile actual: anatomía de un mito*. 1. Aufl. Colección Sin norte. Santiago, Chile: ARCIS Universidad: LOM Ediciones.

Müller-Matthis, Stefan and Alexander Wohnig (Hg.). 2017. „Konstruktionen der ungleichen Partizipation in Schulbüchern. Zur Einführung" In *Wie Schulbücher Rollen formen: Konstruktionen der ungleichen Partizipation in Schulbüchern*, 5-11. Schwalbach/Ts: Wochenschau Wissenschaft.

Neues Deutschand. 1993. „St. Petersburger Politiker will Diktatur. Pinochet als Vorbild", 31. Dezember 1993. *Archiv Neues Deutschland*. https://www.neues-deutschland.de/artikel/461493.pinochet-als-vorbild.html?pk_campaign=SocialMedia&fbclid=I-wAR33iUt9jJG_NthpjcZIcf_-DQebFzHO0NAH-M-rqbNQDfqElSC2ALokD3A.

Ngozi Adichie, Chimamanda. 2009. „The Danger of a Single Story". *TED Talk*. https://www.youtube.com/watch?v=D9Ihs241zeg.

Osterhammel, Jürgen. 1998. „Die Wiederkehr des Raumes: Geopolitik, Geohistorie und historische Geographie". *Neue Politische Literatur*, Nr. 43: 374–96.

Oswalt, Vadim. 2010. „Das Wo zum Was und Wann. Der ‚Spatial turn' und seine Bedeutung für die Geschichtsdidaktik". *Geschichte in Wissenschaft und Unterricht* 61 (4/2010): 220–33.

———. 2016. *Planung von Unterrichtseinheiten: Wie man Geschichte (an)ordnen kann. Kleine Reihe Geschichte, Didaktik und Methodik*. Schwalbach/Ts: Wochenschau Verlag.

———. 2019. *Karten als Quelle und Darstellung: Historische Karten und Geschichtskarten im Unterricht*. Forum Historisches Lernen. Frankfurt a.M.: Wochenschau Verlag.

Petersen, Mirko. 2018. *Kalter Krieg in Lateinamerika: Unterrichtsbausteine für den Geschichtsunterricht in der Sekundarstufe II*. Nicole Schwabe (Hg). Unterrichtsmaterialienreihe „Wissen um globale Verflechtungen" 5. kipu-Verlag.

Pike, Graham und David Selby (1999): *In the Global Classroom*, Vol. I + II, Toronto: Pippin Publishing.

Popp, Susanne. 2005. „Antworten auf neue Herausforderungen Welt- und globalgeschichtliche Perspektivierung des historischen Lernens". *Geschichte in Wissenschaft und Unterricht* 56 (9/05): 491–507.

———— und Johanna Forster (Hg.).2008. *Curriculum Weltgeschichte:* Interdisziplinäre Zugänge zu einem global orientierten Geschichtsunterricht. Forum Historisches Lernen. Schwalbach/Ts: Wochenschau-Verl.

————. 2013. „Globales Lernen und der Geschichtsunterricht". *Polis*, Nr. 4: 15–17.

Quijano, Aníbal. 2016. *Kolonialität der Macht, Eurozentrismus und Lateinamerika*. Wien, Berlin: Turia+Kant.

Randeria, Shalini, und Regina Römhild. 2013. "Das postkoloniale Europa: Verflochtene Genealogien der Gegenwart – Einleitung zur erweiterten Neuauflage" In *Jenseits des Eurozentrismus. Postkoloniale Perspektiven in den Geschichts- und Kulturwissenschaften*, eds. Sebastian Conrad, Shalini Randeria, and Regina Römhild, 2. erw. Aufl., 9–31. Frankfurt am Main, New York: Campus Verlag.

Riekenberg, Michael (Hg.). 2005. *Geschichts- und Politikunterricht zeitgemäß? Fragen und Bemerkungen aus der Sicht der Regionalwissenschaften*. Leipzig: Leipziger Univ.-Verl.

———— und Georg-Eckert-Institut für Internationale Schulbuchforschung (Hg.). 1990. *Lateinamerika: Geschichtsunterricht, Geschichtslehrbücher, Geschichtsbewusstsein*. Studien zur internationalen Schulbuchforschung, Bd. 66. Frankfurt a.M.: Diesterweg.

Schmeinck, Daniela. 2007. Wie Kinder die Welt sehen: eine empirische Ländervergleichsstudie zur räumlichen Vorstellung von Grundschulkindern. Klinkhard-Forschung. Bad Heilbrunn: Klinkhardt.

Said, Edward W. 2010. *Orientalismus*. Übersetzt von Hans Günter Holl. 2. Aufl. Frankfurt a.M.: S. Fischer.

Sauer, Michael. 2012. *Geschichte unterrichten: Eine Einführung in die Didaktik und Methodik*. 10. Auflage, ern. und erw. Aufl. Seelze: Klett/Kallmeyer.

Schlögel, Karl. 2016 [2003]. *Im Raume lesen wir die Zeit: Über Zivilisationsgeschichte und Geopolitik.* 5. Aufl. Fischer 16718. Frankfurt a.M.: Fischer.

Schwabe, Nicole. 2017. "La Educación de Pinochet" In Kaltmeier, Olaf und Nicole Schwabe (Hg.). 2017. ¿Cachai Chile? Sociedad. Memoria. Conflictos Actuales: Unterrichtsbausteine für den Spanischunterricht. Unterrichtsmaterialienreihe Wissen um Globale Verflechtungen, Band 4., 35 - 47 Bielefeld: kipu.

Schwabe, Nicole, Jochen Kemner, Anner Tittor und Olaf Kaltmeier. 2018. *CIAS Konzept Dossier. Interkulturelles Globales Lernen am Beispiel der Amerikas. Konzeptionelle Überlegungen zur Unterrichtsmaterialienreihe* ›Wissen um globale Ver echtungen‹, kipu Online-Publikation, URL: www.uni-bielefeld.de/cias/unterrichtsmaterialien.

Soja, Edward. 2003. „Thirdspace. Die Erweiterung des geographischen Blicks". In *Kulturgeographie: Aktuelle Ansätze und Entwicklungen,* Hans Gebhardt, Paul Reuber und Günther Wolkersdorfer (Hg.), 269–88. Spektrum-Lehrbuch. Heidelberg: Spektrum Akademischer Verlag.

––––––. 2008. „Vom ‚Zeitgeist' zum ‚Raumgeist'. New Twists on the Spatial Turn. In *Spatial Turn: Das Raumparadigma in den Kultur- und Sozialwissenschaften,* Jörg Döring und Tristan Thielmann (Hg.), 2. unver. Aufl., 241–62. Bielefeld: Transcript.

Thiery, Peter. 2007. „Lateinamerika: Politische Transformation zur Demokratie". Herausgegeben von BpB. *BpB-Dossier: Lateinamerika,* November. http://www.bpb.de/internationales/amerika/lateinamerika/44598/transformation?p=0#bio0.

Universidad de Buenos Aires. 2009. *Orientaciones Para El Estudio de La Bibliografía Obligatoria:* Sociología UBA XXI. Eudeba.

Völkel, Bärbel. 2013. „Von ungewollten Nebenwirkungen eines traditionelleen chronologischen Geschichtsunterrichts". *Historische Mitteilungen* 26: 401–12.

––––––. 2016. „Nationalismus - Ethizismus Rassismus?" In *Historisches Lernen als Rassismuskritik,* Christina Isabel Brüning, Lars Deile und Matin Lücke (Hg.), 49–70. Forum Historisches Lernen. Schwalbach: Wochenschau Verlag.

Wagner-Kyora, Georg, Jens Wilczek und Friedrich Huneke (Hg.). 2008. *Transkulturelle Geschichtsdidaktik: Kompetenzen und Unterrichtskonzepte. Studien zur Weltgeschichte.* Schwalbach/Ts: Wochenschau-Verl.

Weber, Wolfgang E. J. 2019. *"Konferenzbericht: Die Umbrüche des Jahres 1989 globalgeschichtlich betrachtet - Perspektiven für den Geschichtsunterricht"*.. Universität Augsburg: AK Welt- und globalgeschichtliche Perspektiven der Konferenz für Geschichtsdidaktik, URL: www.philhist.uni-augsburg.de/lehrstuehle/geschichte/didaktik/intern/downloads_internal/ac_world_his- tory_conference_report-2019.pdf.

Welthaus Bielefeld (Hg.). 2013. *Textilien – Weltreise einer Jeans Bildungseinheit für das Fach Gesellschaftslehre (Klasse 8 –10)*. Bielefeld. https://www.welthaus.de/fileadmin/user_upload/Bildung/Unterrichtsmaterialien_Reise_einer_Jeans.pdf.

Wenzlhuemer, Roland. 2017. *Globalgeschichte schreiben: Eine Einführung in 6 Episoden*. UTB Geschichte 4765. Konstanz: UVK Verlagsgesellschaft mbH.